Coleção Vasto Mundo

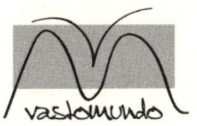

Los Moros

José Viale Moutinho

Los Moros

José Viale Moutinho

1ª edição
São Paulo/2012

TEXTO DE ACORDO COM
A NOVA ORTOGRAFIA

Editora Aquariana

Copyright © 2012 Editora Aquariana Ltda.

Título Original: Los Moros

Revisão: Antonieta Canelas
Editoração eletrônica: Samuel de Jesus Leal
Capa: Niky Venâncio
Ilustração Capa: Tela do pintor galego Issac Diaz Pardo

Direção da Coleção Vasto Mundo: Antonio Daniel Abreu

CIP – Brasil – Catalogação na Fonte
Sindicato Nacional dos Editores de Livros, RJ

C455a

Moutinho, José Viale
　　Los Moros / José Viale Moutinho. 1ed. São Paulo : Aquariana, 2012.
　　144p. (Coleção Vasto Mundo)
　　ISBN: 978-85-7217-155-7

　　1. Ficção. I. Romance, José Viale Moutinho. II. Título. III. Série.

12-6153.　　　　　　　　　　　　CDD: 320.12093
　　　　　　　　　　　　　　　　CDU: 911.3:31(4)

30.08.12　　12.09.12　　　　　　　　　　　　　　038593

ESTA OBRA NÃO PODE SER COMERCIALIZADA EM PORTUGAL

Direitos reservados:
EDITORA AQUARIANA LTDA.
Rua Lacedemônia, 87, S/L – Jd. Brasil
04634-020 - São Paulo - SP
Tel.: (11) 5031.1500 / Fax: 5031.3462
vendas@aquariana.com.br
www.aquariana.com.br

*El que enseñó a leer a los ojos
borró el paraíso.*

Rafael Cadenas
in Notaciones (1975)

1

Os *portões estão fechados e muito bem fechados. Ninguém, nada, nem D. Toríbio de Roncesvales, nome literário por que é conhecido D. Pio Cuesta Cuesta, cronista vitalício de Los Moros, autor de* Tratado de la Bellisima y Fecunda Tierra de San Felices de los Moros, *em dois tomos in-folio, publicado pelo Instituto de História Zamorana; nem D. Esopo Alba Roca, que é nosso capelão e confessor, nem mesmo o alcaide, D. Sinfrónio Dominguez y Corral, ou a pobre Dolores, nossa única criada de tantos e tantos anos, já tonta de todo; nenhum, nada, ninguém, de há muito está decidido, poderá voltar a encontrar-se pessoalmente conosco, mesmo através das ferrugentas grades do locutório ou dos negros ferros rendilhados do coro alto.*

D. Esopo sabe dos nossos pecados e, em nome de Deus, decerto, mesmo afastado, nos continuará a perdoá-los. Ah, os nossos pecados! Grandes nódoas serão no pano cru das nossas almas!

Do silêncio dos nossos votos, da nossa solidão sem lama, do apagamento das vidas em que o Senhor nos tem, para quê, então, deixarmos quaisquer pontes de ligação ao mundo? Ora, os nossos pecados, os nossos pecados!

Afinal, tudo quanto fazemos, fizemos ou faremos, é por amor a Deus, por patriotismo, portuguesismo, e pelo nosso rei, que nem sabemos se é bom ou menos bom, se ele é também o senhor das guerras como acontece com Deus. Afinal, tudo quanto fazemos é andar pelos tempos, nestes corredores por detrás das mais grossas paredes da terra, os dois metros de pedra que separam as nossas celas e os nossos sítios de quanto nos rodeia. E o que por aí virá, senhores!

Se o nosso reino é deste mundo, pois abriguemo-nos dos males que o assolam, mas se os males vierem de outros reinos, vizinhos ou não, que a maldade tem os braços demasiado compridos, tal como a desgraça e o medo, então escondamo--nos debaixo do chão da nossa própria casa, onde, decerto, a amargura e a violência não saberão revolver-nos as ossadas. Mas, atentos aos disparates que receberemos das Índias, do Ocidente ou do Oriente, disparates deixados como caldeiros vazios ao pé do portal do mosteiro, tenhamos cuidado.

Tenhamos mais cuidado com as sombras que nos empurram ou guiam. Em cada pedra, à nossa passagem, oculta-se o inimigo, que não terá patas de cabra nem cornos, olhos inflamados de crueldade fixos na sombra perseguidora; em cada sombra, projetada nos seixos que, na via crucis suportada, nos castigam os pés, mas sem os ensanguentar, meu Deus! O que me trazem à cabeça estas palavras que não ouso pronunciar? Haja, apenas, mais cuidado com as sombras que nos empurram ou guiam, risquemos da boca o impronunciável que, mesmo, nos devora o próprio silêncio incontinente. Na verdade, nunca aprendi os sentidos de empurrar e guiar quando se trata dos corredores do tempo, nos quais não somamos devidamente os anos, nem ganhamos outras rugas, nem perdemos os dentes ou o brilho do olhar.

Às vezes, mergulhamos os olhos nas páginas dos nossos livros e é a soberba que mata a leitura, a soberba recortada entre as letras, impedindo a formação das palavras, rasgando a escrita, proibindo o cerzir do que há muito se encontra aqui exarado.

Uns míseros ratos invadiam a pequena sala a que D. Esopo chamava biblioteca e disputavam entre si os rostos e as páginas dos livros, deixando-nos apenas fragmentos aos quais raramente podemos dar um sentido abençoado pelo Senhor. Mas como entraram os ratos? Como é que estes velhos papéis secos, impressos a negro e a vermelho, a vermelho as maiúsculas de abertura dos capítulos, alimentam os ratos? Os ratos apenas se alimentarão dos nossos livros? É bem certo que, a algumas horas ao dia, o período das leituras, eles desaparecem e não sentimos as suas correrias noutras partes do convento. Ou os ratos a essas horas se tornam mais conspícuos com esta alimentação à base de leituras sagradas?

Nada, ninguém, apenas tarda a terra em acolher-nos no seu seio, não importa a qualidade dos cavaleiros andantes que vagueiam pelas estradas dos montes que conduzem até aqui, indiferentes às tempestades e às armadilhas, estas consignadas nos dois tomos de D. Toríbio de Roncesvales como o comprimento do braço divino.

Estaremos manietadas entre as capas deste livro? Os fios que mantêm as suas páginas cosidas a uma encadernação servirão para nos prender os pulsos, os olhos, a respiração, o coração? D. Pio Cuesta Cuesta, no seu pequeno escritório na torre sineira, quando se transforma em D. Toríbio de Roncesvales, afivelará uma espada à cinta para escrever? Acariciará o elmo de seu avô, hoje exibido numa redoma, no salão nobre do Instituto, antes de pegar nos documentos que eu própria procurei nas gavetas do convento e lhe entreguei já dispostos cronologicamente? D. Pio, em passo miúdo pela aldeia, o seu rosto de fuinha iluminar-se-á como o do mítico cavaleiro de Roncesvales na Santa Cruzada, quando escreve? D. Toríbio, sentado num incômodo cadeirão de pedra, olhando as pontas gastas dos seus escarpins amarelos, sujos, enquanto procura a palavra precisa para uma frase mais no desenvolvimento de um terceiro tomo do seu tratado.

D. Toríbio de Roncesvales, e bem gostaria de poder escrever isto em letra mais pequena e cinzenta clara, apagando-se, nunca chegará a terminar este complemento do seu tratado, pois, desejando contar o futuro de San Felices de los Moros, tal como o fizera sobre o passado da aldeia, acabará perdendo-se mais e mais, caminhando entre o seu escritório e as portas definitivamente encerradas do convento. O caminho é o de sempre, habituou-se a ver surgir a minha mão, propositadamente suja de lama, a entregar-lhe os papéis, às vezes os pergaminhos, com as memórias e os escritos de tempos idos, e, desde que publicara os dois tomos do passado e iniciara a escrita do futuro, esquecido do tempo que passa, à míngua do que eu lhe fornecia, num ato consciente, mas não isento de desespero. Tentando equilibrar os tempos, D. Toríbio lançou ao poço da torre todos os manus-

critos históricos conventuais, para que se perdessem e nada do que escrevera e estava publicado pudesse ser confirmado ou negado por quem quer que fosse. D. Toríbio, o seu rosto de fuinha, as suas pequenas mãos, hábeis no manejo das canetas, aproximava-se, irremediavelmente, de um labirinto.

Abriu D. Pio Cuesta Cuesta a porta do seu pequeno escritório e logo duas outras portas surgiram, escolheu uma, mas as portas sucediam-se num desespero que não conduzia à palma da minha mão direita, vazia, acenando--lhe, enquanto ele vociferava, contrariado por não dar, de novo, com o caminho que levara, no passado, D. Toríbio de Roncesvales ao postigo da freira portuguesa, que tanto o ajudara para o tratado.

Quando D. Esopo Alba Roca soube o momento exato da sua retirada, recolheu os seus pertences e, a pé, seguido de um jovem, que levava aos ombros um saco de serapilheira, contendo todos os seus haveres, dirigiu-se à sede do episcopado, a solicitar outra missão. Porém, não disponho de mais notícias sobre a sua vida, depois de o ter visto desaparecer, numa nuvem de pó, entre as oliveiras que coroam aquele monte a sudoeste de Los Moros.

2

Nos sonhos da freira muitas vezes surgia a Casa das Mortes, nas traseiras das Úrsulas, em Salamanca. Nos sonhos da freira em trajo de noviça, ela ia bater à porta, era sempre o mesmo sonho, a porta abria-se e saía um corcunda rindo às gargalhadas, seguido pelo coro das quatro caveiras da frontaria, enquanto a cabeça de pedra do arcebispo D. Alfonso Fonseca falava sem que se lhe pudessem ouvir as palavras. Assim era o sonho da freira, que então ainda não sabia que as quatro caveiras eram dos assassinos dos filhos de Maria la Brava, que os perseguira impiedosamente até Viseu, no reino de Portugal, onde os apanhara numa súcia de taberna e os degolara, trazendo de regresso a Salamanca cada cabeça espetada em sua lança, entrando na cidade em dia de mercado, exibindo-as, na arrogância daquela cavalgada, ao pé do varrão de pedra, onde o cego amostrara todas as estrelas do céu a Lazarillo, lançando as armas dos vencidos ao Tormes. E para que o mundo não esquecesse o saciar da sua vingança, chamou o melhor escultor de Castela para que reproduzisse em pedra aquelas cabeças descarnadas pelos pássaros vorazes.

E de tal modo cumpriu o artista, que a caveira foi tomada como modelo para a frontaria da universidade, apondo-se-lhe no crânio uma rã como denunciadora da rota dos fugitivos, coaxando de modo a que Maria la Brava pudesse segui-los, sem se deter, até à taberna de Viseu.

A freira acordava, olhos postos no teto da cela, onde as manchas de umidade se assumiam como a cabeça e os ombros caídos do homem magro, de barba curta, por vezes sorridente, outras apenas um esgar, receoso de precipitar-se. Tratava-se do Reitor Unamuno, como escutara designá-lo alguém que passara pela varanda onde ele aparecia debruçado, alquebradíssimo, trêmulo, mas atento, à ilharga direita da Casa das Mortes. Como se desafiasse as caveiras, como se quisesse interrogar o que restava dos matadores dos filhos de Maria la Brava. Aquela cabeça não suportaria uma lança em vez do pescoço magro, o que seria daquela cabeça sem o brilho dos olhos que a própria umidade respeitava?

A freira puxava o cobertor para o pescoço, sentindo-se observada, inquieta, a sineta chamava-a então para as lides do dia. No fundo dos seus sonhos, com um desespero que a confundia, procurava o Reitor Unamuno na varanda vizinha à Casa das Mortes, mas o regresso do coro das gargalhadas das quatro caveiras perturbava-a, distraía-lhe a atenção, então encostava-se aos muros das Úrsulas, via D. Alfonso Fonseca acenar-lhe, movendo os lábios, como se pregasse em surdina aos adormecidos. Ou aos mortos. Acordada, a freira perguntava-se quanto tardaria o toque da sineta, se se apagaria a noite com o fim do sonho da Casa das Mortes, e olhava a porta. Entreabrindo-a, o corcunda espreitava, um rosto torcido, um olho descontrolado, a boca repuxada para a esquerda, amostrando os grandes incisivos, deixando cair sobre o queixo uma língua longa, como a de um cão, insuportável no seu silêncio.

Jamais esqueceria o batente daquela porta, as manchas da umidade pareciam mover-se como se o Reitor aprovasse a decisão, via os lábios distenderem-se, decerto para marcar um sorriso, mas, dentre eles, afinal, emergia a cabeça de uma rã coaxando, denunciadora.

O corcunda fechava, então, e muito devagar, a porta da Casa das Mortes, possivelmente porta da cela, enquanto a freira, já de olhos fechados, afastava o cobertor, disposta a erguer-se. O sol, a espaços encoberto pelas nuvens outonais, iluminava a pequena cela, procurando eliminar os restos da noite. Porém, ainda restavam dois ou três parágrafos de sonho ou de leitura:

E assim fui para o meu amo, que esperando-me estava. Saímos de Salamanca, e, chegando à ponte, está à entrada dela um animal de pedra, que quase tem a forma de um touro, e o cego mandou-me que chegasse próximo do animal, e, ali posto, disse-me:

– Lázaro, chega o ouvido a este touro e ouvirás grande ruído dentro dele.

Eu, simplesmente, cheguei, crendo ser assim. E como sentiu que eu tinha a cabeça junto da pedra, agarrou nela

17

com força e com ela deu uma grande pancada no touro, que mais de três dias me durou a dor da camada, e disse-me:
– Parvo, aprende, que o moço do cego há de saber um ponto mais que o diabo. E riu-se muito da partida.

Apeando-se à entrada da ponte, Maria la Brava fez sinal aos seus homens para que se deixassem estar, perfilados, de lanças erguidas, ostentando as cabeças enegrecidas dos assassinos. Acenou depois ao criado que conduzia as mulas de carga para que lhe trouxesse as três espadas e o machado dos vencidos, que os colocasse sobre a grande pedra em forma de touro e com o seu próprio montante, revelando uma força invulgar, brandindo-o com ambas as mãos, quebrou as lâminas, mesmo a folha grossa do machado. Foi um gesto que demonstrava muita raiva acumulada naqueles seios opulentos contidos pela couraça da armadura. Uma esquírola de aço foi atingir uma das cabeças decepadas, escancarando a boca do desgraçado, o demais ali ficou por instantes até que o criado da mula lançou ao Tormes as armas despedaçadas.

Pudesse o Lazarillo encostar de novo o seu rosto rosado à pança do verraco e, então sim, escutaria todos os sons do inferno sem que o cego precisasse erguer a mão calosa de tanto tentar caminhos com o varapau que lhe servia, como ele, os olhos mortos. E quando Maria la Brava recebeu no seu palácio o escultor António Goyo, admirou-se como aquele famoso homem se movimentava um tanto debruçado sobre a terra, as costas abauladas, e como as suas mãos quase femininas contrastavam ao cabo de uns braços de atleta.

– Quatro caveiras, Mestre, as quatro caveiras que vos mostrarei, desejo que o vosso talento as passe para pedra.

Uma a uma, as caveiras dos matadores dos filhos de Maria la Brava passaram pelas mãos de mestre Goyo, que as sopesou, mediu, guardando nos seus próprios olhos quanto lhe importava para a execução do trabalho.

– E desejo também que retrate o arcebispo Fonseca, que abençoou a minha causa. Porém, deste não tenho imagem que lhe sirva de modelo.

– Não se torna necessário, disse o escultor, sorrindo enigmaticamente. E a casa?

Um dos cavaleiros da pequena corte de Maria la Brava conduziu António Goyo à rua atrás das Úrsulas e assinalou um edifício praticamente em ruínas. E desde esse dia, o Mestre jamais o abandonou, povoando as sombras nocturnas de Salamanca. Para que não repetisse obra de semelhante contorno, Maria la Brava mandou partir-lhe as mãos, mas permitiu ao escultor que acabasse os seus dias, anonimamente, naquela mesma casa.

Aberta a porta da cela com uma pancada seca no ferrolho, a freira encaminhou-se para a capela.

3

*L*os Moros, aldeia portuguesa prisioneira das Espanhas, sobretudo dos castelhanos, portuguesa porque o nosso bom Rei D. Dinis, que Deus o tenha a seu recato, na companhia da Rainha Santa Isabel, a de Aragão, a do Milagre das Rosas, a trouxe definitivamente para Portugal pelo Tratado de Alcanizes, tal como Olivença, e, como Olivença, espinho cravado na alma de D. Carlos de la Luna, cavaleiro de Estremoz, San Felices de los Moros, que foi povoado mourisco, quedou nas garras espanholas, pois os nossos reis, lá preocupados com o vasculhar das sete partidas do mundo, com estranhas guerras e não menos estranhas e demoradas navegações, nunca deram atenção a este pedacinho de terra, e os ministros, aquela gente toda dos palácios de Lisboa, apenas se preocupando com o espaço onde o monarca deitasse os olhos carregados de aborrecimento malcheiroso. Depois, vieram os republicanos e, então, ficou tudo definitivamente perdido, eles lá mais interessados com as coisas deles, com as ordens da Maçonaria, como se a liberdade que instauraram, exagerada, diga-se em abono da verdade, não fosse *contra os nossos princípios cristãos, a fraternidade não redundasse nas poucas vergonhas, no próprio incesto, e a igualdade não degenerasse no desrespeito dos pequenos em relação aos grandes, que sempre a Terra deverá ter as suas cabeças pensantes a comandar os braços que executam sem constrangimento e com humildade e fidelidade o que lhes for cometido pelos seus legítimos superiores. Nem uma dúzia de anos os republicanos estiveram a mandar em Portugal, e toca a enviar os nossos pobres rapazes para os campos de guerra da França, a combater as tropas do Kaiser.*

Os senhores já foram à Alemanha? Pois, anos passados, lá voltaram os filhos daqueles que beberam água enlameada e respiraram os gases da desgraça, a dar o seu sangue inutilmente. Guerras, só guerras a manchar-nos as existências, o corpo e a alma, que ela não se faz apenas no fragor das batalhas.

O som dos tambores a encobrir os berros daqueles que recebiam uma bala num ombro, depois numa coxa, o gemer desesperado dos que sentiam o estômago invadido por balas perdidas, mas o que doía mais, meus senhores, era uma cabeça destroçada por um tiro, ou o inexorável avanço de uma baioneta, do peito às costas, emergindo a ponta ensanguentada. Aquele mar de soldados que se confundia conosco, que também os matávamos com o mesmo meticuloso ardor. Os senhores já foram à guerra?

4

Vejam, soror Filomena dos Santos Mártires de Marrocos, a quem foi confiada a nossa comunidade, juntou-nos a todas no refeitório e, naquele mesmo púlpito em que são feitas as leituras piedosas, aí mesmo, por sugestão sua, foi destruída a telefonia pelas irmãs Natividade e Teresa de S. Caetano, as mais possantes, depois arrancamos o telefone do átrio e cortamos todos os fios do quadro elétrico. Voltamos, então, ao silêncio e às lamparinas de azeite, às velas, aos candeeiros de carbureto, à paz e aos nossos cânticos, a escutar os nossos passos sobre as pedras dos corredores, sobre as tampas dos sarcófagos do solo em volta desse lindo jardim de camélias e outras flores do Senhor, ao centro do claustro. Mesmo o fio de água da fonte, a cair dos olhos bugalhudos do peixe talhado em pedra há duzentos anos. Agora tudo isso é, para nós, uma carícia que julgamos merecer.

Sabem, já somos poucas neste mosteiro, a semana passada enterraram-se mais quatro freiras, nenhum outro mal que a velhice. Fechámo-las, cada qual em sua caixa, numa *das salas do andar térreo e, por serem tão leves, facilmente fizemos deslizar os ataúdes pela boca do alçapão que conduz ao subterrâneo do claustro, na sacristia da capela. Aí, duas das nossas irmãs, de rosto coberto, e em silêncio, dispunham tudo como se procurassem encontrar novos espaços dentro de uma despensa. Soror Filomena contou-me que, em Viena, na cripta da igreja de S. Miguel, assistiu à exumação de uma noviça da ordem, a qual, segundo papéis arquivados na Santa Sé, falecera em Odor de santidade. As tábuas do caixão, explicou, cediam ao mais ligeiro toque dos dedos, de tal modo que o operário, que acompanhava o monsenhor Otto Kafka, este um sacerdote extremamente gordo e cínico, o médico Alfred Wagner e ela própria, nem precisara de manejar as duas ferramentas com que se apresentara ao serviço nessa manhã. Todos eles, no papel coletivo de exumadores, retiraram cuidadosamente lascas de madeira que se desfaziam, até que surgiu o corpo da noviça: exposta a múmia de mãos cruzadas no peito, as pernas arqueadas como uma rã e entre o ventre e os joelhos afastados um pequeno corpo igualmente ressequido, como se não tivesse tido tempo de ser expulso e ali houvesse estacionado, afogando-se enquanto mãos estranhas estrangularam a mãe.*

Odor de santidade, dizia-se acerca da filha daquele que reconstruíra a capela do convento, no coração de uma ilha cujo nome esquecera. Monte Cristo?

Ah, os contactos com o mundo, suspirava soror Filomena, às vezes têm este resultado e nós suportamos a podridão e lavamos os corpos de tal modo que o exalado se transforma em algo que poderá ser confundido com odor a santidade.

Por isso, para além de tudo quanto se possa saber sobre cada uma de nós, o melhor é depositar os ataúdes nessa profundeza, não identificando ninguém, para que nem a culpa nem o acaso possam manchar na posteridade.

Quando as mãos das irmãs Natividade e Teresa de S. Caetano agarraram na telefonia e a ergueram acima das nossas cabeças, algumas de nós benzeram-se, como se o padre Alba estivesse ali empunhando a custódia, como se a pomba branca do Senhor nos sobrevoasse, ou sobre cada uma de nós houvesse um fogo-fátuo, ou crescesse nas nossas gargantas o estrangulamento que gera o fim do mundo no instante seguinte. Porém, quando o aparelho foi lançado ao solo e todo o seu interior, centenas de pequenas peças, se dispersou pelo refeitório, uma irmã trouxe a grande vassoura de giestas, com que varria as raras migalhas que as nossas parcas refeições deixavam no solo aos pés das comensais, e levou tudo aquilo pelo corredor fora ad saeculorum, amen. *E quando o telefone foi violentamente separado da parede, perdeu a força, tornou-se algo tão inútil e inominável que foi parar àquele mesmo fim do corredor. Caíam as lágrimas à irmã Natividade quando rebentou o quadro elétrico, esmagado por uma pesada pedra que as suas mãos haviam lançado com a mesma força com que Deus poderia acabar com o mundo num dia de desespero divino.*

5

*E*ntre as poucas freiras que restamos, ainda teremos quase mil e quinhentos anos e não vamos além de uma pequena comunidade.

Eu nasci nos arredores da vila de Pedrógão Grande, para os lados de Coimbra, mas vim muito nova para Espanha, fiz o noviciado nas dominicanas em Salamanca. Ainda segui estudos, mas ao visitar o Panteão dos Teólogos no Convento de San Isidro el Bueno, que me foi explicado pelo santo padre D. Camilo deli Rosario Fango, falando-me ele das leituras em que deveria meter-me para alcançar a sabedoria e um estágio superior de fé, de repente senti-me mal, mesmo muito mal, cuidando ser um recado do Senhor para não enveredar por esses caminhos que, se por um lado me despertavam a atenção e faziam organizar melhor quanto pensava, por outro provocavam-me intensas dúvidas, tão intensas que me faziam doer a cabeça, pelo que ia a um dos dois poços do pátio interior do mosteiro e tirava um balde de água fria, nela mergulhava o rosto enquanto murmurava quanto me assaltava o espírito, afogando pensamentos e palavras.

Assim, até que um dia, ao olhar o meu rosto na água, recebi ordem expressa do Senhor para que me fosse embora de Salamanca, deixasse os estudos, despejasse a cabeça das dúvidas e das certezas e me encerrasse nesta clausura em San Felices de los Moros. E assim fiz.

A irmã Cruz Patrocínio de la Benquerencia, natural de Castuera, e digo a sua naturalidade para que se não confunda com a outra irmã Cruz Patrocínio de Benquerencia, mas de Ávila, que me acompanhava, não como estudiosa, mas apenas para que eu não deambulasse sozinha pelas ruas e por aquelas casas, essa entrava no pátio, ficava no Salão De Profundis *a orar por um seu recuado avô que acompanhara Cristóvão Colombo na descoberta da América e por lá morrera. Naquele mesmo salão, austero salão, convenhamos, o navegador, cheio de entusiasmo e astúcia, convencera os frades a darem cobertura religiosa ao seu aventuroso empreendimento. E como ele sabia que o rei escutava os doutos monges de San Isidro el Bueno...*

Da ala sul do casarão via-se o Monte Olivete e recordo-me, quando saí pela última vez daquele mosteiro de Salamanca, na porta estava um letreiro que dizia Água, das 8 às 12 e das 3 às 6. *Confesso, ali deixava algumas ambições que me poderiam ter levado a altos cargos na congregação, mas atraía-me uma outra vida cujos contornos ainda não aprendera a discernir. Na minha cela, em verdade vos digo, a água transformava-se em vinho e as migalhas de pão multiplicavam-se em bolos de carne e de lampreia, como se o demónio tentasse provocar-me pensamentos menos próprios, da abastança à lascívia, e em cada tempestade, ao abrir-se o céu, nos clarões, ali me via sentada à mão direita do Senhor, acometendo-me então o fácil pecado do orgulho.*

Meu Deus, como tenho pecado ao longo de toda a minha vida, desta vida sem princípio nem fim.

6

A coluna preparava as espingardas para o fogo enquanto avançava pelo campo lavrado, as baionetas apontadas à atalaia que se erguia da terra como um dente podre. A imagem era do ajudante de farmácia Braz, que não comentou aos outros que aquele chão por onde corriam parecia não ter fim, como a mandíbula de um animal procedente do tecido dos séculos. O perigo, isso sim, não se fartava de o dizer, desde o clarear do dia, estava naquela torre. E como se enganava e iludia os seus companheiros...

Conforme corriam, os da coluna enchiam as botas, as alpargatas e os sapatos de terra e pequenas pedras, tropeçavam, mas voltavam a erguer-se, lançados em campo aberto, receosos de serem apanhados por uma saraivada de balas. Porém, às ameias da torre ninguém aparecia para a defesa, nenhum elmo ou chapéu, ponta de lança ou cano de fuzil, nada, ninguém.

Seriam duas horas da madrugada quando a coluna chegou à estrada entre Figueira de Castelo Rodrigo e

Almofala, havia ainda um luar extremamente perigoso para ser intentada qualquer ação. Graças ao ajudante Braz, que parecia levar tudo anotado, viram a atalaia no local, tal como ele a desenhara no mapa, e logo ficaram com a impressão de também terem sido localizados. Pura impressão, afinal. A coluna fizera um rodeio para não subir a Castelo Rodrigo pela encosta que se lhe oferecia mais fácil. Aliás precisava de reabastecer-se antes de se dirigir a Vale de la Mula, onde pretendiam atravessar pela Ponte Nova.

O comandante da coluna, Baltazar Negrões, mestre em História Medieval, assistente da Faculdade de Letras do Porto, pensava conseguir na pequena aldeia algumas espingardas mais, contava com meia dúzia de caçadeiras, e, com a coluna praticamente toda armada, vinte e três milicianos, abastecer-se em Portugal antes de se adentrar em território castelhano. Porém, a atalaia surpreendera-o. Julgara-a mais próxima da estrada e mais baixa, nessa tarde haviam procurado a Torre das Antelas, ainda na posse de uns seus parentes afastados, na Freixeda, mas achara a casa senhorial arruinada pelos invernos. Ali, como em toda a parte, os habitantes julgaram-nos vagabundos, olharam-nos com desconfiança, não se aproximaram sequer, como também não lhes responderam. Os seus homens, os milicianos da Coluna Negrões, como lhes chamava nos apontamentos diários, de dia levavam as armas embrulhadas em serapilheiras e apenas tinham em comum os capotes.

Era Novembro, e aquela noite de luar não fora inscrita no calendário do mundo. Todavia, ninguém disparara sobre eles e ali estavam, já encostados às paredes da atalaia.

"Ó da torre!"

A tropa em silêncio, enquanto o comandante erguia a voz. O inimigo estaria entrincheirado e apenas com munições suficientes para uma desesperada descarga quando eles irrompessem no interior da Torre das Águias? Alguns dos atacantes desapertavam o calçado, libertando-o da terra e das pequenas pedras apanhadas na travessia.

"Ó da torre! Está aqui a Coluna Negrões! Vocês rendem-se ou passam para o nosso lado? Vamos tomar Los Moros aos espanhóis!"

O silêncio parecia marcar a indiferença àquela deixa teatral. "Ajudante Braz, faça voar as portas dessa fortaleza!"

O segundo comandante da coluna, acompanhado por quatro homens, lançou-se contra a única porta da atalaia, que cedeu imediatamente. E, num repente, foi um bater de asas que pareciam crescer com o nascer do dia. Baltazar Negrões viu um bando de pássaros negros, seriam corvos, sair pelo alto da torre. Embargou-se-lhe a voz de fogo, todos os seus homens se colaram às paredes, escutando os gritos do ajudante Braz e dos componentes do seu pelotão de choque.

Ninguém ali se moveu até que os outros reapareceram, sem um tiro, cambaleantes, espingardas empunhadas pelos canos, rostos arranhados, cabeças estonteadas.

"Então?"

"Posição vazia, meu comandante."

De novo a coluna se pôs em movimento, em direção a Castelo Rodrigo. Um rapaz de óculos de lentes muito grossas, que trabalhara no Centro de Linguística até quatro dias antes, um *monárquico emocional*, como lhe chamava o próprio Baltazar Negrões, perguntou ao comandante se não seria melhor apropriarem-se de uma viatura e adquirirem os víveres num supermercado de Figueira de Castelo Rodrigo:

"Uma tia, irmã de meu pai, é daqui perto, de Vilar de Amargo, e contou-me que em Castelo Rodrigo já não vive quase ninguém, que está tudo abandonado desde a primeira República. Por isso, senhor Dr. Negrões, talvez não fosse despiciendo optarmos por Figueira..."

Baltazar Negrões olhou-o dos pés à cabeça, levou a mão ao punho da espada e bradou:

"Coluna, em frente de cinco, avançar pela encosta até Castelo Rodrigo. Menezes, vá para o seu lugar e apenas responda quando eu lhe perguntar alguma coisa, ouviu?"

7

Recolhi a este convento nove dias depois de ter abandonado Salamanca, para desgosto da minha madrinha, soror Beatriz do Cativeiro, tão atenta aos meus passos no seu mosteiro de Beja. Na altura ainda estavam cá as irmãs Piedade, Imaculada e Encarnação, mas já eram muito idosas e faleceram nesse Inverno. As outras portuguesas vieram no ano seguinte à minha entrada, uma de Aveiro, outra da Madeira e a terceira de Coimbra. Na verdade, seríamos nós as mais letradas, pois alguma coisa aprendemos em Salamanca, por onde elas também passaram, ainda que não ao mesmo tempo que eu, e, é claro, não lemos muito mais que os textos referentes ao nosso conforto espiritual. Mesmo assim, mortifico-me com os pensamentos que não deixam de assaltar-me.

    A irmã Rosário defende-se dessas lembranças metendo-se debaixo de um chuveiro de água gelada, mordendo os lábios, apertando os cilícios sob o manto de esparto cingido ao corpo, enquanto a irmã Dulce se deita no lajedo dos sarcófagos durante um par de horas, com os olhos vazios de tanto olhar o teto. Porém, a irmã Conceição Mexia de Santo André encerra-se na sua cela e escreve longos textos sobre as rãs que povoam a fachada da Universidade de Salamanca, embora se esqueça do ímpio mistério das caveiras. E escreve obsessivamente, com a consciência de quem não entende muito bem quanto D. Miguel Unamuno disse aos do seu tempo: "O mau não é que os visitantes da fachada da Universidade descubram a rã, o triste é que não vejam mais do que a rã». Essa frase foi pronunciada à entrada do paraninfo da Universidade e apenas é citada por um dos seus mais diletos discípulos, Federico Gimenez Rio, autor do volumoso estudo Don Miguel y su pasión por la papiroflejia. E assim aquela pobre mulher procura destruir-se, tecendo teias contra si, com o seu pensamento de costas voltadas a Fray Luis de León, com os olhos na rã pousada, como se não o fora numa caveira. Um dia fui procurá-la à sua cela e, erguendo a atenção dos seus papéis, com os olhos fechados, como se estivesse em transe, tanto mais que lhe tremiam os lábios, murmurou:

"O sacerdócio eterno! O amor! A Obra! Deus! Em sacerdócio eterno, supremo, o Amor em Obra e em Amor; o Amor, numa só consagração, visto, em Honra e em Amor. A viver! O Amor! A Obra! Deus!"

E, depois, mudando num instante de atitude, em claro castelhano, com uma pronúncia tão bonita que nem parecia portuguesa, começou a declamar Fray Luis de León:

> Qué santo o qué gloriosa
> virtud, qué deidad que el cielo admira,
> oh Musa poderosa

en la cristiana lira,
diremos entretanto que retira el sol con presto vuelo
el rayo fugitivo en este dia, que hace alarde el cielo
de su caballería?

Debruçado na varanda da casa, onde o desgosto e a morte o encontraram num estado de extrema fraqueza, o Reitor olhava-me. Eu passava de um lado para o outro diante da Casa das Mortes, tal como no sonho que se repetia, tentado a estabelecer um nexo entre os versos de Fray Luis e tudo quanto estava para além da rã de que falava Unamuno e que os senhores ainda podem observar na fachada da Universidade de Salamanca.

8

Devo dizer-lhes que, de há muito, este mosteiro não tem abadessa efetiva, isto por determinação da última que ocupou esse cargo, entre 1766 e 1792. Ela deixou escrito que nunca o seu lugar seria preenchido por qualquer outra freira, mesmo que houvesse ordem de fora, de monarca, governo ou dignitário da clerezia, do próprio Santo Padre, ainda que trouxessem o título de outro convento ou mosteiro. Não desejava com o título de abadessa nem que o seu próprio nome fosse escrito ou, sequer, pronunciado, pelo que, assim, me abstenho de o dizer, mesmo como mera informação. Ela considerava-se a mais incompetente das pessoas para poder entrar, à hora da morte, no severo Reino do Senhor. Não desejava, com isto, afrontar autoridades temporais ou espirituais, os direitos de benfeitores, mas apenas diluir o que pudesse separar de si os elementos da comunidade, suscitando assumir de responsabilidades coletivas de acordo com as forças de cada um. A Irmã Natividade costumava dizer que o testamento dessa abadessa era um verdadeiro evangelho, porém D. Esopo ria-se daquele maço de papéis resguardados numa capa de couro cansado, desmentindo- -lhe o valor por estes nem sequer estarem subscritos por um qualquer nome. Porém, no momento em que se dirigia a qualquer de nós, apenas obtinha como reação às suas reticências um leve encolher de ombros seguido de um voltar de costas, deixando-o a falar sozinho, com os olhos postos nos nossos pés descalços, entrevistos pelas bainhas descosidas dos hábitos. Decerto, antes de D. Esopo, outros confessores haviam questionado aquela disposição. O próprio D. Pio, ao ser-lhe facultado o testamento da abadessa, ao contrário do que lhe era habitual, esteve muitos meses sem escrever. Meditava, segundo laconicamente me dizia, como sua interlocutora habitual. Mas não parecia convencido não tanto da veracidade do documento, mas da sua validade judicial, determinativa, apesar de estar testemunhado, esse sim, por cinco assinaturas bem desenhadas e as marcas das mãos de outras seis criaturas. Mas como confirmar tudo aquilo sem ressuscitar as mortas?

D. Pio, um dia, amparado ao gradeamento do coro, com os olhos em alvo, com os olhos rasos de lágrimas, num murmúrio quase imperceptível, disse-me que se sentia sem forças para continuar, como reagiriam os seus sócios do Instituto ante a sua aceitação do testamento? Para seu sossego pessoal, que lhe dissesse, decerto o saberia, o nome da abadessa, circularia em segredo na comunidade. Nego-me aqui a repeti-lo, não importa se o retive alguma vez que o soube, eu própria devo esquecê-lo. A ele também não o disse.

Venha, D. Pio, venha. Ela não queria, está escrito, que o seu nome fosse escrito ou, sequer, pronunciado entre estas paredes ou lá fora, pelo que assim me abstenho de o dizer, pelo que assim me abstenho de o pensar. Venha, D. Pio...

A cara de fuinha do historiador D. Toríbio de Roncesvales ainda a vejo, basta-me fechar um pouco os olhos, iluminada por um relâmpago de luz, quando abro a porta principal da igreja do mosteiro e entra o sol em todo o seu esplendor.

– Não compreendo, irmã, o que me quer dizer.

Ia avançar para o exterior, mas impedi-o espalmando a minha mão no seu peito minado.

– Alto, D. Pio, não saia por aqui. Como está escrito no testamento, ela considerava-se a mais incompetente das almas para poder entrar, à hora da separação da carne dos ossos, no que dizia ser o severo Reino do Senhor. Está aqui enterrada, está enterrada onde muito bem quis, na soleira desta porta. Veja.

D. Pio, sentindo a minha mão como um ferro em brasa no seu peito, cuja sumida arca deixava sentir o frio das suas costelas sob os meus dedos, baixou os olhos e leu a inscrição na tampa simples da tumba: Aqui jaz uma enorme pecadora. *E assim ficou, especado, até que de novo a escuridão se abateu sobre a soleira da porta principal da igreja, os gonzos chiando, as pancadas secas da grande chave fazendo rodar a lingueta e o ferrolho de reforço ajustando-se ao buraco cavado na pedra do chão, à cabeceira do buraco onde ela quisera inumar-se.*

– O capítulo, D. Pio, deliberou que fosse encerrada esta porta, para que jamais passasse quem quer que fosse sobre estes dizeres e quem os proferiu, pois ofendem os

restos mortais da nossa querida irmã. Amanhã mesmo lhe darei a ata desse capítulo que estabeleceu em definitivo a portinhola lateral como exclusivo da serventia de acesso e saída deste templo. A gente da aldeia sabe disto e, apenas pelo lado de fora da porta principal, deixa ofertas de cera e cereal, apelando àquela nossa irmã, como se fora santa de sua fé, chamando-lhe, por respeito complementar, a do convento. Colheitas em perigo, secas e tempestades, doenças, o que sei eu, têm achado solução nesta soleira. Repare, D. Pio, que as letras ficam exatamente sob a madeira grossa da porta, como se as próprias palavras se envergonhassem de tal mentira pública...

E no livro da história de San Felices de los Moros está exarado não só isto mas, pelas palavras mais cuidadas de D. Toríbio de Roncesvales, que, um dia, foi encontrada à porta principal da nossa igreja uma galinha negra degolada e umas muito antigas arrecadas de ouro, assim como uma cana, e aí pela primeira vez se falava de um salão subterrâneo, onde havia um monte de pedras que irradiavam luz própria. D. Sinfrónio, o alcaide, ao ler esse pormenor, considerou-o ofensa pessoal, como se se tratasse de uma alusão a determinado episódio da sua vida. Pediu satisfações a D. Pio Cuesta Cuesta, que se limitou a sorrir a contragosto, pois vencera aqueles pruridos ante o testamento e quanto lhe respeitava.

Dolores disse-nos que D. Sinfrónio mandara escutar conversas na sua taberna e no adro da igreja, em todos os ajuntamentos de homens enquanto as mulheres acudiam às predicações de D. Esopo, mas não lograra chegar a nenhuma conclusão. E as arrecadas procediam de uma pequena caixa de joias familiares de uma irmã viúva do alcaide, a galinha era uma das quatro ou cinco galinhas negras que andavam pelas ruas de Los Moros e a carta, de letras desenhadas a capricho, denunciava um segredo que o poderia comprometer enquanto responsável pela administração política da aldeia. Mas, afinal de contas, ninguém se apercebera do que se passara.

– São todos muito burros nesta terra – comentara D. Pio, olhando-se, rosto ensaboado ao espelho, enquanto passava a lâmina da sua velha navalha por um pedaço de couro.

9

À saída de Ciudad Rodrigo, o tenente Pérez deu indicação ao motorista que metesse por uma estrada secundária, pois queria observar a fronteira com Portugal. É claro, Franco só poderia contar com a melhor colaboração de Oliveira Salazar, mas a verdade é que não tinha a certeza absoluta que a Guarda Fiscal controlasse toda a corda fronteiriça. No caso do contrabando, sabia muito bem que não podiam nada contra aqueles homens, espécie de coelhos, ratos ou cães rasteiros, que andavam de um lado para o outro, carregados com pesados sacos de café, de tabaco e de ferramentas, e faziam fortunas naquele comércio em que as balas lhes punham asas nos pés. Ainda por cima com a Guarda Fiscal e os carabineiros em cima deles, armados e de tiro fácil e impune, uns bandidos que passavam horas agachados nos bosques, nas pedras, com denúncias às mãos-cheias. E nunca eram descobertos, mal se metiam na passagem de homens. Pelo menos aqueles que ele conhecia, mas conheceria todos os contrabandistas e passadores da zona?

Merda, evidentemente que não. O comandante, no entanto, afiançava que sim, que os deveriam conhecer a todos, e, apesar disso, andava por ali na devassa da fronteira. Alguns contrabandistas e uma dúzia de guardas haviam encontrado novo negócio a passar *rojos* para o país vizinho, onde se escondiam ou, passando a Lisboa ou a Leixões, arranjavam maneira de sair de barco para a Argentina ou para o México, os cabrões.

Eram dois caminhões sem cobertura, um com requetés navarros, outro com mouros. O Estado-Maior de Franco incumbira o licenciado D. Ramiro Pérez Iglesias de se certificar da fidelidade de todos os povoados entre Zamora e Salamanca e, de um modo mais discreto, fiscalizar, de alguma forma, o cumprimento das garantias, dadas pelas autoridades portuguesas, de apoio incondicional, nomeadamente no respeitante à devolução de fugidos. Neste caso, recolheria quantos lhe fossem entregues, mandava-os abrir um valado e logo ali os faria cair com rajadas de metralhadora. No caso de escassear munição, um a um, tiro na nuca.

No entanto, havia ainda o problema da mobilização dos mancebos na idade militar. O Governo de Burgos exigia que se apresentassem, mas eles desapareciam no fumo das lareiras, os grandes filhos da puta. Mas rodavam horas sem ver vivalma, raras aldeias desertas. Ou quase. Sabia do quartel de guerrilheiros no castelo de Albuquerque, mas a sua missão e as suas forças não o obrigavam ao confronto. Era como se andasse a varrer o lixo pela calada da noite.

Noutros pontos da raia, mais a norte, pareciam sair debaixo das pedras as parelhas de guardas portugueses, de riso aberto, a agitarem as espingardas, a saudarem:

"*Arriba España! Arriba Franco!*"

Pelas bandas de Quintanilha, um cabo da Guarda Fiscal, de voz pausada, que confraternizou com eles foi dizendo, lá na sua importância militar, que os espanhóis deveriam responder com um viva a Portugal e outro a Salazar, que isso sempre seria mais bonito e apreciado pelas autoridades do país vizinho, o parvalhão. Isto a troco do *Arriba Franco!* O licenciado Pérez ofereceu-lhe de comer e de beber e preveniu-o do interesse em que as forças de vigilância da fronteira se distribuíssem para melhor cumprimento da missão, Porém, o cabo, com o ânimo reforçado pelo vinho, insistiu em sair dali para o mais rigoroso controle dos marcos fronteiriços depois dos vivas que pretendia escutar às tropas franquistas, mouros incluídos. Fizeram-lhe a vontade e foi-se, acotovelando na barriga o praça que o acompanhava, aconselhando-o a dar-se ao respeito, doutro modo os espanhóis comiam-nos com a maior desfaçatez.

10

O cabo condutor do caminhão dos requetés que abria a força advertiu o comandante, sentado ao lado do condutor do carro que o seguia, sobre os perigos que poderiam advir daquele percurso de terra batida e com valas medonhas a cortá-lo, da escassez do combustível e da falta de indicações toponímicas. Nenhum dos veículos dispunha já de rodas sobressalentes e qualquer dos caminhões levava excesso de peso.

O rapazinho que tinham obrigado a servir-lhes de guia esgueirara-se durante a noite, deixando um vulto de giesta sob a manta, para que o não descobrissem logo. Além disso, não encontravam mais ninguém para idênticas funções. Ou por outra, haviam dado com dois caçadores furtivos, mas a chusma dos mouros caíra-lhes em cima, desfazendo-os à espadeirada, antes que o tenente Pérez conseguisse articular uma só palavra. Quando logrou gritar "Merda!", já eles disputavam entre si um velho bacamarte e um fio de ouro com uma medalha qualquer.

O oficial aproveitou para mandar formar os dois grupos sob o seu comando e exigir-lhes continência e prudência nos atos. Os requetés agitaram o pendão processional com o Sagrado Coração de Jesus, confiscado em Trefacio, por Terras de Sanabria, e gritaram com firmeza *"Viva España! Arriba Franco!"*, enquanto os mouros se limitaram a sorrir e a soltar uns murmúrios ininteligíveis. E tudo ficaria assim se, dentre os mouros, não se destacasse um cabo a dizer:

"Meu comandante, concretamente, o que deseja? Há aqui um problema a resolver. Estes soldados mouros não entendem espanhol. Sabem que pertencem ao exército de libertação de Espanha, que estão às ordens do nosso generalíssimo Franco e que o meu tenente é quem manda aqui. A questão é que não fazem a mínima ideia do que é que manda. Olhe, não lhe entendem as ordens, está a ver? Depois da morte do sargento Hamed, fiquei eu a comandá-los, mas saiba o meu tenente que também não me consigo entender com eles..."

O tenente olhou melhor o cabo:

"Não és mouro?"

"Não, meu comandante, sou de Pantón de Ferreira, sou galego. Manuel Manteiga Loureiro, às suas ordens. Fui incorporado nas tropas mouras, tal como mais quatro de Lugo, mas, desses, dois morreram conosco e os outros foram distribuídos por outras unidades."

"Essa tua cor..."

"É pomada das botas, meu comandante, para ser como eles! Foi uma ordem do nosso general Millán Astray, que dizia não ter mouros que chegassem para completar as companhias e, como toda a gente tem medo deles, juntou-nos..."

"Bem, vê se tens mão neles, hem?"

"Vou tentar, meu comandante. Mas o meu comandante sabe muito bem que eles recebem parte em pesetas e parte em saque. Com a morte do sargento Hamed, uma perna gangrenada, é difícil entendê-los. Falo-lhes por gestos, mas, às vezes, é demasiado tarde. Como aconteceu há bocado! Aliás, até me parece que nem querem entender-me..."

Os mouros mostravam os dentes, sorrindo.

"De qualquer maneira, a responsabilidade é tua". E o tenente voltou-se para a força dos requetés: "Sargento Toro, explique aqui ao cabo Manteiga o que se pretende dele e dos seus mouros".

O sargento passou o pendão a um dos seus homens, fez a continência ao comandante e foi colocar-se diante do galego.

"O nosso tenente apenas quer que saibas que tens de segurar esses cabrões africanos, se não estás fodido. Tens de obedecer cegamente às ordens e fazer com que esses marroquinos de merda também o façam, estás a entender? Se tal não acontecer, sou eu mesmo a dar-te um tiro nos cornos, hem? E não me venhas com histórias! Ou metes esse bando na linha, ou ponho a metralhadora..."

"Não se preocupe, meu sargento, vai tudo correr pelo melhor..."

11

A freira ficou em silêncio, olhando o alçapão por onde entraria com as suas companheiras, aquele buraco negro, retangular, o começo de uma escada de pedra que conduzia, depois de duas curvas em ângulo reto, ao misterioso salão. Disse misterioso? Lera sobre a sua existência na biblioteca da Universidade de Salamanca, mostrara-lhe o texto, inserto em volume desconjuntado, um velho monge, que, no dia seguinte, lhe desmentiria tudo, baralhando as folhas soltas do cartapácio:

"Não, minha irmã, eu disse outra coisa, uma coisa que nada tem a ver com o que me está a tentar atribuir, mesmo em resumo. Acaso cabe na cabeça de alguém, muito menos na minha, que tanto estudo faço, a existência de um salão perdido no centro da terra, com essas pedras tão singulares, mesmo que o centro da terra se circunscreva aos subterrâneos do convento em San Felices de los Moros?! Ah! Ah! Ah! Um sótão com pedras que irradiam luz própria, minha irmã! Minha pobre irmã!"

Metera-lhe medo aquele riso molhado. O frade, cujo nome desconhecia, lera-lhe sobre as guerras do futuro naquele misterioso livro que, de antigo, se desfazia, descosido, cheirando mal. Dentre as páginas saía constantemente um fumo que incomodava os demais frequentadores da biblioteca, exalando a enxofre, e era como se ele folheasse o próprio livro do Inferno, se é que há algum livro assim.

"Sou totalmente inútil, mas nisso não mudo", murmurava o velho, desconhecendo que em Maio de 1907, em Praga, Kafka escreveria o mesmo numa carta a Max Brod. E o seu primeiro impulso fora construir um posto de observação na reentrância de uma montanha coroada por um castelo roqueiro, apenas para olhar o raro movimento pelos campos. O castelo encontrava-se ocupado por umas famílias de pastores que viviam, em promiscuidade total, com as suas cabras. Nasciam entre eles seres que não sobreviviam aos dois ou três anos de carências, crianças de incipientes cornos que percorriam a encosta alcantilada, cabras com mãos em vez de cascos, dedos ensanguentados pelos gumes vegetais, pelas arestas dos penhascos. Por isso se instalara naquele posto, alimentando-se de insetos e de raízes, mentindo à sua boca para poder ir além do que lhe dava. E os seus olhos resistiram anos a fio naquela clausura sob os fogos do sol e as temperaturas da terra. Ali aprendera a noção da inutilidade e, um dia, deixou gravado na pedra aquela sua frase tão presente nos solilóquios em que se enredava, e tomou o caminho de Salamanca.

O velho viu, então, passar, em duas vagas sucessivas, os matadores dos filhos de Maria la Brava e a própria mãe

com a sua escolta vingadora; ali passou de novo esta, então já com as cabeças espetadas nas lanças. Aliás, o rasto bem marcado da cavalgada para Viseu permitiu-lhe chegar às margens do Tormes e atravessar a ponte do verraco, donde seguiu, passada a Porta de Aníbal, para a Universidade, onde esperava um seu amigo dos tempos do noviciado.
"Desejo ler todos os livros."
"Todos os livros lerás."
Arranjaram-lhe uma pequena dependência no sótão, uma enxerga e um cântaro de água, e aí ele passou noites sucessivas, intervaladas pelos dias em que se movimentava na biblioteca, incomodando com o seu fedor os demais utentes. Porém, os livros dos seus interesses não eram os livros dos interesses dos demais, pelo que acabaram tolerando-o.

E então a jovem freira fora repreendida por falar tão repetidas vezes, e por tanto tempo, com aquele frade. Curiosamente, quando a admoestavam nunca pronunciavam o nome do velho sujo da biblioteca. Aliás, ela perdera de vista o frade no próprio dia em que visitara o Panteão dos Teólogos, teólogos que ele punha sistematicamente em causa, usando uma linguagem soez, como se com eles tivesse privado em alguma casa de má nota.

"Cada qual pior que o outro no que respeita à leitura das Sagradas Escrituras. Uns cretinos, na verdadeira acepção do termo, uns merdas obcecados pelas glórias celestiais, uns cabrões que nenhum profeta toleraria para lhe lavar os pés, sempre dispostos a segurar a bandeja com a cabeça do Baptista..."

Os olhos, quando o velho falava, iam de um lado para o outro, como se buscassem alguém com coragem para lhe dar razão. Apenas era mais reservado com D. Francisco de Vitória, mesmo assim:

"Bem, quanto a impulsionador do Direito Internacional... Se o lermos bem..."

Num repente, passando umas páginas adiante do seu livro preferido, exclamava em voz roufenha:

"Estás aqui a ver? É o parágrafo dos seus caminhos, minha irmã, San Felices de los Moros, à beira da fronteira, e foi aqui, afinal, que os bichos dos livros devoraram mais. Recordo-me que se falava de medo, de torpeza, de enganos, de loucuras, de embriaguez, de sangue, de vaidade. Que caruncho terá devorado o ano do fim da sua vida? Assim navegará pelos séculos como quem vive um romance sem fim, mas, infelizmente, falta também nestes livros tudo quanto gostaria de te dizer a meu respeito."

Pelos rasgões dos seus andrajos, o velho amostrava as partes, que logo procurava tapar com um livro ou com as mangas, sorrindo como a desculpar-se.

"Sabes o que dizem de mim os teólogos? Sabes o que pensam deste livro os teólogos?"

E a jovem freira erguera-se, tentara articular alguma frase com sentido, mas em vão. Lançara-se numa correria pelos corredores da universidade, onde professores e alunos, de comportamento grave, olhavam com reprovação o seu vulto esguio embrulhado em hábitos sagrados. Aquele frade parecia conhecer as regras do jogo viciado, desde os confins do convento de San Isidro el Bueno até às hipotéticas pedras que irradiam luz própria num salão subterrâneo de San Felices. Continuar a escutar aquele monstro seria destruir a sua própria vida.

    Voltaria a encontrá-lo nas sombras de uma cela da torre sineira de Los Moros.
    "Que faz aqui, padre? Quem o enviou?"
    "Mil anos, dez pelo menos, estive no meu posto, com os cotovelos fincados na pedra da mesa, olhos postos na paisagem. Vi passar figuras humanas, animais, mercadorias, grandes galeras, vi como construíam o caminho-de-ferro, um inferno de transportes que chegariam, como Maria la Brava, aos arredores de Viseu. Dez anos pelo menos, mil anos, valeria a pena reconstruí-los, repassar o filme de quando irá acontecer? Acenava vezes sem conta aos viajantes que não me distinguiam neste meu buraco torreado, apenas descortinavam o recorte dos merlões, quando lhes chamava a atenção algum bater de asas..."

12

Naquele momento, a dois passos do alçapão, a freira estava prestes a penetrar na terra que escolhera, entre as suas irmãs, fugindo da catástrofe, enredando-se sabia lá em quê. Mas era demasiado tarde para recuar.

Estender uma perna, um braço, o rosto, avançar o desfile dos corpos magros enfaixados de negro pelo alçapão, seguiam-na as outras irmãs carregadas com os seus trastes, naquele silêncio a que se iam acostumando. Sentiam a proximidade da luz, mas não gozavam o instante, estremecendo em suposições sobre quem poderia ter acendido os archotes que encontravam à chegada ao subterrâneo. Fósforos, que fósforos? Se tudo, afinal, se tornava escusado no salão onde estava o monte de pedras, ah como era verdade, que irradiavam luz própria.

"Vamos, vamos, minhas irmãs..."

13

O Mosteiro de San Felices de los Moros foi fundado no início do século XIV por D. Peregrina de Castro Pena, em penitência dos desmandos de um seu avô sobre as gentes da aldeia quando, em parceria com mandatários dos reis castelhanos, na verdade os Reis Católicos, Fernando e Isabel, para os quais foi criada a rã, deusa da denúncia, de Salamanca, penitenciando-se a senhora pelos que destruíram desalmadamente D. Eustáquio de Sessé, ali chegado, na sua pretensão de fazer com que Los Moros regressasse à coroa de Portugal. A ação estava mais relacionada com a piedade do que com algo que se pudesse confundir com questões políticas, mas ninguém acreditaria em ninguém a esse respeito...

Perdão, mas não conhecem a história? Eu conto, eu conto:

Numa madrugada de Verão, ao luar, D. Eustáquio de Sessé chegou a San Felices de los Moros acompanhando-se de um bando de cavaleiros de triste figura. Haviam pernoitado em Castelo Rodrigo, onde jogaram à raiola com homens dali, embebedaram-se com dois barris de vinho generoso de Almendra e meteram-se a caminho, jurando que só regressariam depois de terem reconquistado Los Moros para a coroa portuguesa. Nesse tempo, a passagem internacional era em Vale de la Mula, de Inverno, numa barca abandonada, bastavam quatro ou cinco remadelas vigorosas para a travessia, e no tempo quente e seco, como naquele Verão, em que a ribeira desaparecia, a pé, enterrando-se as botas na areia finíssima, quase pó, do leito, sob o peso das armaduras. As rãs, acoitadas em alguma pequena e milagrosa lama metida na sombra, mal alimentadas por um incompreensível fio de água, acordadas pela tropa, coaxavam e saltavam de um para outro lado, como se os avisassem dos trabalhos em que iam meter-se.

Os companheiros de D. Eustáquio de Sessé não se apresentaram em Los Moros de armaduras completas, nem armados a preceito, sequer organizados. Digamos que parecia terem acabado de saquear os armazéns de uma casa desgovernada, ou de levantar-se de uma mesa de jogo. Moviam-se com o desespero dos que se afogam, esbracejando, tropeçando nos próprios pés, misturando hálitos podres, expressões sem nexo, seguindo quase por instinto D. Eustáquio, que brandia a espada e, a todo o instante, perguntava ao seu escudeiro se era por ali o caminho para a aldeia de San Felices de los Moros, se ele tinha a certeza, se ainda não se haviam perdido.

Mateus entreabria então os olhos, encarava o focinho da burra onde carregava as coisas de seu amo, dava uma volta sobre si e avançava confiando que a besta o empurrasse para Espanha, onde fora roubada. E, seguindo-o, D. Eustáquio de Sessé, trazendo no rasto o resto da quadrilha, progredia no terreno com a lentidão dos bêbedos. Nos jogos da noite, Mateus perdera a burra e todos os pertences do amo, bem como tudo o que fora seu, mas o outro jogador apenas conseguira levar com ele, naturalmente para a ribanceira por onde fora lançado, uma navalhada na garganta, deixando-lhe dois anéis de ouro, que guardava num dos bolsos das calças.

D. Eustáquio negociara com o feitor da casa do Visconde para que ali se guardasse o que os poderia incomodar na expedição de reconquista. O que iam fazer ao outro lado, quisera saber o camponês. Levar umas pedras, dissera sem se explicar o caudilho, pensando nos marcos fronteiriços que tencionava colocar além de Los Moros, o suficiente para que o Tratado de Alcanizes não tivesse ficado tão incompleto na sua execução, para riso dos povos europeus.

Assim, para terem as mãos mais leves, em Castelo Rodrigo haviam deixado boa parte do seu equipamento. Até ali avançaram, matando pelo caminho os que viviam no casal de Cimo da Vila, três irmãos muito velhos, mas fizeram uma tal algazarra medonha que toda a gente acordou e se postou às janelas e às portas das suas casas, reforçando os fechos, temendo o pior, que D. Eustáquio e os seus estavam cheios de vinho e ainda mastigavam daquelas ervas que entontecem mas galvanizam.

Concentrados junto da torre de menagem, os invasores arrombaram os fechos da cancela para o sino e, enquanto este badalava acionado por um escudeiro, um anão velazquiano, desdentado, que guinchava, aquela tropa penetrava à força nas casas, metia-se com as mulheres, amarrava e matava os homens, espantava as crianças, andava pela aldeia numa roda-viva, exigindo provisões e estabelecendo os novos limites para a fronteira. Alguns daqueles energúmenos traziam num carro marcos de pedra com as cinco toscas quinas. Porém, acabaram por não dar com os sítios onde os haviam de cravar, pelo que as pedras acabaram destruídas numa reviravolta que deu a viatura ao meter uma das rodas na fonte de chafurdo.

Esmagado por tudo aquilo, Mateus, agonizando, conseguiu meter os anéis na boca e engoli-los, como último esforço vingativo de um homem que sentia a vida a fugir-lhe.

14

Nessa altura, como sabem, ainda não existia este nosso Mosteiro do Bom Jesus de los Moros, senão D. Eustáquio de Sessé e os seus apaniguados também teriam aqui entrado e praticado impunemente os seus desmandos.

Claro, eles não pouparam a capela do Mártir, cujo som dos sinos somaram ao da torre de menagem, e ainda rebentaram as tampas dos dois sarcófagos, os que estão lá no altar-mor, e retiraram as ossadas dos senhores Gomez y Trava, pai e filho, e disputaram entre si, aqueles violadores de túmulos, as espadas que ambos empunhavam com as suas mãos descarnadas, deram pontapés nas caveiras e espalharam fémures, vértebras e costelas. Seguramente, aquilo constituía sacrilégio, que D. Arturo Gomez y Trava foi um homem bom nos doze anos de governo da província, e seu filho, D. Felipe Gomez y Trava Alvarez, capitão-mor de Cádis, quis vir recolher-se, em seu sono eterno, na paz ao lado de seu pai, na capela, que sua santa mãe, D. Emiliana Maia Alvarez, uma mulher do povo de Castelo Rodrigo, *desaparecera no incêndio do seu modesto paço no extremo norte de Los Moros, muitos anos antes.*

Se com os nossos altos muros eles nunca conseguiriam entrar, então agora, nos subterrâneos em labirinto do mosteiro, por onde nos arrastaremos até que ninguém nos descubra, até que ninguém nos possa encontrar, aqui morreriam de medo logo à entrada do salão, o salão das pedras que irradiam luz própria, que é o átrio do nosso refúgio, mas a seu tempo vos falarei dele.

É que toda esta nossa santa casa foi fundada sobre uns corredores de covas, onde monges antigos e sem ordem congregadora viveram apenas para a oração, relacionados tão-só por algumas conveniências. Conveniências como aquela que contava por setenta e cinco minutos o tempo das horas diurnas e quarenta e cinco minutos as horas noturnas, numa gloriosa consagração à penitência pelo trabalho de sol a sol e o gozo do repouso quando a escuridão os isolava ainda mais. Quantas de nós não confessaram já, em capítulo, o pecado da soberba da nossa proximidade do Divino, sem que nenhum olhar se mostrasse condenatório?

Dentro do mosteiro há comida que chega até aos nossos fins, dois poços de água fresca, salgadeiras e tulhas repletas, galinhas e porcos retalhados e metidos em talhas atestadas de pingue, fazemos pão cada quinze dias e o jejum que podemos suportar, e ao qual nos habituamos em nome de Nosso Senhor, é a grande defesa do corpo e da alma. Quando os portugueses do nosso tempo, que são republicanos e, como disse, também hereges, galgarem a fronteira para tentarem o que D. Eustáquio de Sessé não conseguiu, será algo mais fácil que naquele tempo, pois há uma ponte em Vale de la Mula, e eles decerto virão de Figueira de Castelo Rodrigo, já não da quase deserta Castelo Rodrigo, onde apenas vive meia dúzia de velhos alquebrados, e da praça de Almeida, todos armados até aos dentes, com grandes espingardas e armaduras de aço, não, nada, ninguém deste convento se assomará às janelas, pois uma bala, entrando por lá ou trespassando um tabique, poderá matar uma de nós. E nós não desejamos morrer porque a nossa missão não é exatamente essa.

Perdoai, mas agora devo retirar-me porque acabo de ser assaltada por um sentimento semelhante àquele de quando D. Camilo deli Rosario, abrindo-me a portinhola do Panteão dos Teólogos, se persignou e me perguntou se não sentia nada no ar, o que me deixou perplexa, a menos que ele se referisse tão-somente à umidade...
Mas queria dizer, isso sim, um halo de nova sabedoria, como se sobre as nossas cabeças houvesse três espadas formando uma abóbada e um sacerdote tocasse todas três com um malhete de cerejeira pronunciando até à exaustão a palavra sabedoria, sem adicionar força e beleza, como decerto lhe competiria.
Segui-me, segui o movimento da minha pena, colocando o pé no primeiro degrau, da minha mão tocando a aresta da abertura do buraco no chão, a inclinação da cabeça, o encolher dos ombros, o lançar dos olhos prescrutando o campo desconhecido no qual penetro à frente das demais, como uma dádiva, como uma perda.

15

O tenente Pérez mandou parar os caminhões junto de umas casas que ficavam a meio quilômetro da aldeia. Acabavam de avistar Los Moros, San Felices de los Moros. Sem se apear, disse ao sargento Toro que precisavam de alguém para umas informações, nada de mortos nem feridos. Precisava de informações claras sobre a situação.

"Os mouros estão calmos, sargento?"

"Não sei, meu comandante, penso que sim."

Os olhos do sargento voltaram-se para o caminhão junto do qual se encontrava o cabo Manteiga, na expectativa. Acenou-lhe e o galego correspondeu com um gesto de conformidade.

"Que não desçam do caminhão."

As três primeiras casas de Los Moros estavam desertas, ainda que todas as dependências parecessem ter sido acabadas de arrumar. Ali não entrava gente desde havia muito, tanto que num dos quartos estava deitada uma velha morta, praticamente mumificada. Mas não havia arcas nem valores, apenas um vestido pendurado num cabide, na porta.

"Aqui não vem ninguém há muitos dias. Lá em baixo nem deram pela falta desta..."

"Entremos na aldeia. São só mais quinhentos metros..."

Mas, de repente, junto ao caminhão dos requetés chegou um mouro muito agitado. Toro agarrou-o pela *dgilaba* e perguntou-lhe o que se passava. O soldado, agitando continuamente os braços, e num deles empunhava a espingarda, apontou para um monte próximo e falou na sua linguagem incompreensível.

O tenente Pérez zangou-se:

"Este filho da puta como é que me aparece aqui? Não te disse que não se apeassem?"

O cabo Manteiga surgiu de súbito entre o sargento e o soldado mouro:

"Meu tenente, achei melhor que viesse, pois parece estar a querer dizer que do outro lado daquele monte há um enorme quartel, mas completamente deserto e amimado..."

O mouro inclinou a cabeça e com a coronha da espingarda varreu um pedaço de chão, depois baixou-se e arrancou pedras e ervas naquele espaço.

"Um quartel deserto, meu tenente..."

O tenente olhou para o mapa:

"Não está aqui nenhum quartel! E este mapa está atualizado. Não teremos entrado em território português?"

"Não, meu tenente, ainda estamos em Espanha". E o sargento acrescentou: "Se me der autorização, vou mandar observar a aldeia mais de perto".

"Talvez o LaLlave. Que vá com alguém"

"Tenho ali um rapaz que quero habilitar..."

O tenente ergueu os olhos do mapa:

"O mouro o que viu foi o Forte Concepción, mas está deserto há quase cem anos..."

"Vou já tratar de tudo, meu tenente."

16

Às onze e meia da noite da segunda quarta-feira daquele Novembro de finais dos anos 1980, o Dr. Baltazar Negrões batia à porta de um antigo colega do Liceu Nacional de Alexandre Herculano. Era uma porta carral e as pancadas ressoaram na noite. Apareceram rostos noutras janelas da vizinhança antes que o médico de Três Vilas acudisse à sua, a saber quem lhe interrompia um programa de televisão. Custou-lhe reconhecer Negrões e estranhou não ver nenhum automóvel estacionado sob a tíbia luz de um poste de iluminação pública.

"Que andas por aqui a fazer, Baltazar?"

"Preciso de ajuda..."

"Algum acidente? Está aí alguém ferido? Doente?"

Por gestos, o comandante da coluna pediu ao antigo condiscípulo que abrisse rapidamente a porta e apenas ele entrou. De pronto, lá dentro começou a exortar os sentimentos patrióticos do amigo e, como correligionário monárquico, a convidá-lo a integrar a força. Porém, Egas

Gonçalves do Prado não se dispôs a constituir o Socorro Sanitário da Coluna Negrões, que se lhe solicitava, argumentando de tal modo que Baltazar se sentiu obrigado a dizer-lhe que apenas escutava desculpas esfarrapadas de um português que não merecia sê-lo. Mesmo assim, o médico deu, naquela noite, hospedagem a Baltazar em sua casa e à coluna nos palheiros. O ajudante Braz, pela sua dignidade de segundo comandante, pernoitou na casa do padre, que também ali se encontrava e se mostrou entusiasmado com a missão da Coluna Negrões, a ponto de prometer que se lhes reuniria na segunda-feira seguinte, pois no sábado e no domingo tinha três casamentos e um batizado. Beberam três ou quatro garrafas de vinho generoso antes de se meterem debaixo das mantas.

Porém, Baltazar, querendo mostrar algum pragmatismo de campanha, mandou chamar um jovem soldado para que escutasse do médico de Três Vilas os rudimentos dos primeiros socorros e recebesse uma pequena mala com compressas e produtos de farmácia de urgência.

Às seis da manhã, a coluna fez uma revisão das armas e pôs-se a caminho. O Dr. Gonçalves do Prado, ao abraçar o condiscípulo, a quem perdoara a ofensa, mostrava-se intrigado:

"Mas aonde é que arranjaste tanta metralha, Baltazar?"

"O meu avô e o teu tinham tudo isto guardado na Mina Pequena, na minha Quinta de S. João da Pesqueira, para a terceira incursão do Paiva Couceiro. As espingardas ainda estavam metidas em óleo, na altura eram novas e hoje ainda o são, apesar de tão antigas. Mas foi o que se pode arranjar e funcionam, hem? E as munições estavam em baús no sótão da Casa de Além, aqui do Braz. O avô dele esteve com os nossos avós na preparação da terceira..."

O ajudante de farmácia continuou:

"Quando o meu pai quis fazer obras na Casa de Além e encontrou as munições ia tendo um ataque. A minha avó explicou-lhe a que se destinavam e, à falta de melhor, disse-lhe que as enterrasse no jardim, nessa mesma noite. E ele assim fez. Mas era Julho e estava um calor tremendo, o meu pai vinha ali para as obras e logo voltava para o Porto, para não ter de fechar a farmácia, um empregado doente e outro de férias..."

"Conte-lhe o resto, Braz, o que a sua avó fez..."

"A minha avó com medo que aquilo começasse a explodir de tal modo estava a terra quente, que até queimava as plantas, regava o jardim uma vez de manhã e duas à tarde!"

17

D. Toríbio de Roncesvales, no Arquivo Municipal de Ciudad Rodrigo, passava em revista os documentos referentes a San Felices de los Moros, destinando as suas informações ao novo tomo do seu *Tratado sobre la Fecunda Tierra*. De quando em quando, levantava-se da escrivaninha e ia ao quarto de banho olhar-se ao espelho. Procurava no rosto os sinais dos tempos. Aprendera com um desertor de Larache a ler nas borras de café e elas sempre lhe diziam que sobre o cronista vitalício daquela aldeia, aquele rosto de fuinha, pendia uma espécie de maldição. Metera-se-lhe na cabeça que poderia ser o envelhecimento precoce, mas a sua imagem refletia os mesmos oitenta e oito anos de sempre, aquele homem magro e austero que andava pelos séculos e conhecia os lugares, as gentes, as datas, os caminhos e a papelada que importava conhecer. Mas, naquele instante, isso sim, tinha diante de si um conjunto de papéis sobre os quais se debruçava e pareciam nada dizer, ou quererem negar-lhe qualquer coisa:

1) Afonso de Portugal, ante las quejas de los mercadores portugueses que, cuando se dirigen a las ferias de Castilla, son importunados a su paso por Ciudad Rodrigo y su término, pide al concejo de esa ciudad que ponga término a tales situaciones; recuerda; una vez más, que las eventuales quejas del concejo relativas al comportamiento de algunos españoles castellanos deben ser llevadas ante la justicia del señor de Los Moras antes que se praduzcan represálias.

2) Juan Rodrigo y Yañez, debido al estado de la tierra mirobrigense, por muchos males e damnos e destruymientos que recibieron de las nuestras gentes que connosco fueron en las entradas que nos fezimos en Portugal por la dicha çibdat (una el año pasado y outra el presente), exime Los Moros y a su tierra del pago de doscientas cáiiamas de las monedas y del pago de martiniegas, alfolf de saly yantares durante diez años.

3) Enrique de Toledo ordena al concejo de Ciudad Rodrigo que permita introducir en su término, hasta el limite de dos léguas de la ciudad, el vino de Los Moros, lugar del infante don Eldoro. El marqués satisface la petición de su hermano debido fundamentalmente, según dice, ao intereré s de que Los Moros sea próspera y tenga abundante población, ya que está sditada en la frontera de Portugal. Se da la circunstancia de que el lugar es muy corto y no tiene aldeas, por lo que sus habitantes se vem obrigados a vender su vino en las zonas próximas.

4) Ordenanza por la que se permite que todos los portugueses que trajeren provisiones a Los Moros puedan, en contrapartida, sacar pan para Portugal, hasta una fanega por cada bestia mayor y media de cevada por la menor.

5) Ordenanza que determina que qualesquier ganados que andovieran del reyno de Portugal en los devasos e baldíos de la tierra de Los Moros o fueren fallados en tales devasos que solo puedan quitar para sy qualquier veçino desta aldea llevando de çinco cabeças una.

6) El alcalde de Ciudad Rodrigo concede carta de vecinda a Jacob Alcana, judío, tejedor, vecino de Castelo Rodrigo, logar del Regno de Portugal, para que pueda morar en Los Moros.

18

Em Los Moros a população parecia tranquila. Os dois requetés, escondidos naquela elevação, viam perfeitamente o que lá se passava, sem necessidade de binóculos. Ao fundo, à direita, era a mole castanha do mosteiro das freiras, dali nada teriam a recear.

"É estranho", murmurou o cabo LaLlave, levando aos lábios a cruz que usava pendurada ao pescoço, sobre o peito do dólmen. "É estranho", murmurava, como se falasse consigo próprio. "É mesmo muito estranho...".

O moço que o acompanhava, franzino, dezessete anos incompletos, olhava-o de soslaio, sem se atrever a perguntar o que quer que fosse. LaLlave tinha prestígio no diagnóstico das situações. Por um pormenor insignificante, contara-lhe o soldado Filomeno, mandara cercar e incendiar uma casa aparentemente abandonada. Afinal, estavam lá mais de vinte *rojos*, que saíram para dar-lhes uma luta de morte. Tinham-nos matado a todos, mas deixaram quase outros tantos em terra, um deles o irmão mais velho de Filomeno.

"Não achas nada estranho, rapaz?"

O requeté mais novo olhava fixamente a aldeia. Viu os aldeães andaram de um lado para o outro, sem pressas, duas vacas leiteiras sozinhas, fazendo soar as campainhas que levavam ao pescoço, lembrou-se da cruz de LaLlave, mas não se atreveu a voltar a cabeça, as vacas encaminhavam-se para os lados do grande edifício castanho, que LaLlave lhe explicara ser um mosteiro. Eram quatro da tarde, ainda deveria haver muita gente no campo, teriam de aguardar mais um bocado para a observação ficar mais completa. Não via nada de especial, pelo que ficou calado.

"Então, rapaz?". LaLlave esfregava as mãos devagar. "Pega nos binóculos, vá lá."

O jovem gostava de usar os binóculos, enchiam-lhe as mãos, e com eles diante dos olhos sentia-se a fazer qualquer coisa útil, profissional, diferente da espreitadela à vista desarmada. Passou a correia pelo pescoço e regulou-os com os mesmos gestos aristocráticos do tenente Pérez. LaLlave não mostrava impaciência nem alarme. Apontou as lentes para tudo quanto era possível dali ver-se na aldeia. Lá estava a torre sineira ou de menagem, a um lado da igreja, casas antigas, panos de muralha, dois velhos sentados a uma porta parecendo dormitar, um porco ao pé deles, na boca de uma rua uma rapariguinha brincava com galinhas e patos.

"Então, rapaz?", LaLlave franziu as sobrancelhas. "Então, diz-me lá quantas bandeiras vês? De quem são as bandeiras, nossas ou dos *rojos*?"

Baixando instintivamente os binóculos, relanceando um novo olhar pela aldeia, o jovem requeté respondeu ao cabo:

"Não vejo bandeira nenhuma!"

"Bem, então já descobriste que não há sinais de nenhum dos lados, não é verdade? E há espaço para cartazes e bandeiras, espaço de sobra, hem?"

LaLlave beijou de novo a sua cruz e fez um ligeiro sinal ao companheiro, para que mudassem de *sítio*.

Abandonando aquela posição, os dois observadores foram ocupar um cabeço mais adiante, donde se via um ângulo da aldeia ainda mais aberto. Um renque de árvores ocultava-os, mesmo de um grupo de mulheres que lavavam num ribeiro, a uma centena de metros deles. Dali via-se o que se poderia chamar *Plaza Mayor* e o pequeno *ayuntamiento*. Deveria haver sinais de uma opção política, ambos os bandos gostavam de marcar bem as suas posições, mas até a placa de madeira destinada às informações e às ordens do alcaide estava vazia. LaLlave mordeu a cruz, depois estendeu a mão para que o rapaz lhe passasse os binóculos. Com eles esquadrinhou cada centímetro da aldeia. Detectou duas mulheres a conversarem a uma sombra e a porta aberta de uma taberna, ali um bêbedo ensaiava uns passos de dança, perseguindo um gato. Definitivamente, a aldeia vivia na maior paz.

"E pensar que toda a Espanha está em guerra. Que se passará aqui?"

"Que aldeia é esta, nosso cabo?"

"San Felices de los Moros, estamos quase em Portugal..."

"Não estaremos mesmo em Portugal?"

Por um instante, LaLlave hesitou, mas voltou o rosto para outra direção.

"Estás a ver além? Aquelas casas além, com o castelo, naquele monte?"

"Sim, senhor."

"Ali é que é Portugal, Castelo Rodrigo. A fronteira deve estar a um quilômetro daqui". Abrira o mapa diante de ambos e batia com o lápis na região em que se encontravam, mostrando que ainda faltava quase uma unha até ao tracejado da divisória.

"E agora, nosso cabo?"

LaLlave já deslizava da posição, evitando que as lavadeiras o vissem, encaminhando-se para a mata onde se encontrava estacionada a força do tenente Pérez. Entretanto, veio-lhe à lembrança o rosto da mulher cosendo-lhe no blusão aquele coração metido num aro de arame farpado e o dístico: *Detém-te, bala, que o Coração de Jesus me protege.* Levou o crucifixo à boca e marcou os dentes nas pernas de Jesus.

19

O tenente Pérez estava a almoçar em pé, de uma marmita colocada sobre o motor do carro, quando viu junto de si os dois observadores. Fez sinal a LaLlave que falasse. Enquanto escutava, ia engolindo, quase sem mastigar, as batatas com chouriço e ovos, e bebendo vinho pelo cantil. Assim, acabou rapidamente a refeição e, ao pousar de vez o garfo, logo o impedido lhe trocou a marmita por uma caneca de café fumegante.

Com que então, San Felices de los Moros não deixava transparecer de que lado estava, pensou. Depois, deu um grito para os lados do caminhão dos requetés, onde um grupo, que incluía tropas de Larache, parecia entretido com qualquer coisa.

Daí a pouco, o tenente tinha diante de si um homem andrajoso, via-se que era pastor, com os braços amarrados e agarrado por dois mouros. LaLlave começou a interrogá-lo. O desgraçado respondia com sons guturais, ininteligíveis, os olhos muito abertos, aterrorizado. As perguntas eram repetidas uma e outra vez, e sempre aquela algaraviada.

"Não passa disto, meu comandante..."

O pastor olhava alternadamente os mouros, que lhe pareciam gigantes, receava-os mais que ao requeté, que tinha aquela cruz pendurada ao pescoço e uma estampa do Coração de Jesus cozida no capote.

"Despachem-no. Em silêncio, hem? Não quero prisioneiros. Como dizia o nosso grande Yague em Badajoz: não nos podemos dar ao luxo de deixar uma força de *rojos* a tapar-nos qualquer possibilidade de retirada, caso tal ignomínia seja necessária para o estabelecimento de nossas posições!"

O requeté piscou um olho a um dos do Tabor de Larache, que, num rápido gesto, passou a mão armada de punhal pela garganta do pastor, como se apenas o acariciasse, e logo ele caiu sangrando a seus pés. A mesma mão executora logo a seguir enrolava um cigarro, enquanto o pastor degolado tinha as derradeiras convulsões, mas agora oculto sob uma manta. O tenente ainda comeu outra bolachinha de chocolate.

Ajoelhado junto do pastor, o jovem requeté que acompanhara LaLlave na observação, abriu-lhe a boca com a ponta do punhal. Soltou uma gargalhada seca e olhou as costas do tenente que se afastava.

"Então, rapaz?"

LaLlave continuava a pô-lo à prova.

"Este gajo não podia dizer nada, nosso cabo. Para falar precisava de língua e língua é coisa que ele não tem!"

20

Meu caro Andrés,
   Estou a escrever o prometido texto sobre a introdução dos feijões nos hábitos alimentares da Mittleuropa, mas surgiu-me um problema que diretamente, na verdade, nada tem a ver com isto. Trata-se de toda a documentação por mim recolhida para um outro artigo destinado à revista História 2000, da Fundação Dinis o Lavrador.

   Lembras-te de me deixares, a mim e ao Otto, no Restaurante Los Molinos, na Marqués de Villores? À entrada, depois do balcão, do lado direito, há uma pequena estante com uns quantos livros de gastronomia e de receitas. Enquanto folheava as Poesias Completas de Ismael Montes, coloquei aquela pasta de cartolina, que levava na mão, uma azul e de elásticos cruzados, sobre uma coleção de livros do Círculo de Leitores sobre gastronomia do Estado Espanhol. Depois, Otto chamou-me a atenção para um pata negra soberbo, onde Sarrión mergulhava a navalha, e esqueci-me de tudo.

   Esses documentos, fotocópias, fotografias e umas notas manuscritas, listagens de brigadistas internacionais, *mapas, são fundamentais para suporte da crônica de um dos raros portugueses que passaram pelas Brigadas. Refiro-me a António Serra, o único homem, de que há história, que enfrentou André Marty, convencendo-o mesmo a criar – e isto já é uma revelação! – um corpo expedicionário especial para a conquista de Olivença.*

Saberás, Andrés, que Olivença, pelo tratado de Alcanizes, passou para a coroa portuguesa. Há pouco, alguns historiadores estiveram em peregrinação por algumas cidades da fronteira hispano-portuguesa, entre Sabugal, Almeida e Ciudad Rodrigo, que por ali está Los Moros, em circunstâncias semelhantes. Pois este António Serra atravessou a fronteira em Badajoz, pouco depois da matança na Praça de Touros, às claras, acamaradando com a Guarda Fiscal e com os carabineiros, anunciando solenemente que se ia juntar aos franquistas, pois queria lutar por Dios, por la Patria y por el Caudillo.

Depois perdeu-se voluntariamente por aquelas brenhas, andou fora das estradas, por onde calhou, até chegar à zona de controle republicano. Segundo Otto me contou, aí em Albacete, conheceu André Marty num automóvel blindado, em que também viajavam Hemingway e dois brigadistas suecos.

Soube da existência deste António Serra por um vizinho meu, gerente até há pouco numas caves de Vinho da Madeira, no Funchal. O seu único tio passava o tempo a falar de um irmão morto na Guerra Civil de Espanha: "Fuzilado contra o muro do cemitério de uma aldeiazinha dos arredores de Olivença". Já vês para que tenho necessidade dessa pasta, onde tudo isso está pormenorizado.

A minha mulher, que está aqui ao lado, às voltas com os diversos sistemas de regionalização, pede-me para dizer--te que o exemplar que nos enviaste da tua História de la Cocina de Albacete, *que ela folheou primeiro do que eu, tem um caderno completo em branco absoluto, o que lhe tira a possibilidade de enveredar por alguns dos misteriosos corredores das sopas e caldos de que tratas! Mas tu depois nos mandarás outro exemplar, por favor.*

A ideia inicial, talvez a obsessão, deste António Serra era constituir, e em parte conseguiu-o, com o beneplácito e o entusiasmo do herói vermelho do Mar Negro, um corpo autónomo de brigadistas para a conquista de Olivença, a cidade portuguesa que a Espanha ainda não entregou a Portugal, apesar do Tratado de Alcanizes ter sido ratificado. Mas o António não pretendia devolver Olivença à soberania portuguesa, à frente da qual estava, para todos os efeitos, Salazar. Pretendia era torná-la independente. De fato, e isso dizia-o ele no seu diário, para fundar aí uma espécie de República Popular de Olivença, que começaria por não reconhecer nem a ditadura portuguesa de Salazar nem o governo de Burgos de Franco. Marty, apesar do mau feitio, tinha influências para lhe conseguir que a União Soviética reconhecesse e apoiasse o novo estado. Serra acreditava que a República Espanhola, que já havia perdido Olivença para Franco, também não se importaria de a reconhecer como independente. E Ernesto Cárdenas, o presidente do México, onde Serra tinha um primo exilado, seria contactado logo depois da tomada da cidade e da promulgação da sua independência, com a mesma finalidade.

António Serra tinha tudo pensado, pois, se acaso não resultasse aquilo em Olivença, a força sob o seu comando seguiria para o Norte e tentaria fazer uma ação semelhante em Los Moros, onde se passava (e passa) o mesmo que em Olivença, conquanto menos carismático, e necessariamente menos mediático. Depois, uma coisa seria o som de República Popular de Olivença e outra República Popular de Los Moros.

Porém, as coisas correram mal para Serra. Chegou a Albacete naquela mesma noite em que, no palácio do conselho, em Altozano, se homenageava Hans Beimbler, cujo cadáver peregrinava pela Espanha Republicana. André Marty andava sempre rodeado de jornalistas, não prestando logo grande atenção ao português. Aliás, Serra teve um trabalho extraordinário em não deixar que ninguém se apercebesse do seu plano, não cedendo a contá-lo aos oficiais das Brigadas Internacionais, que se interpunham, por uma questão hierárquica, entre ele e o comandante.

21

Abriu a porta com cuidado, como se a lingueta do fecho deslizando pudesse chamar as atenções daqueles homens armados que desciam das duas camionetas estacionadas na *Plaza Mayor*, também chamada Plaza de Don Ramiro Gomez y Trava. O pai, que não saía de casa desde que lhe dera o enfarte, dois anos antes, em plena missa do galo, entretinha-se tratando das coisas simples da casa, tirava o pó aos vidros, pintava os móveis, diziam que falava sozinho, mas ele comentava que não era nenhum tonto e apenas falava com as plantas, pois elas precisavam de sentir algum carinho nas casas onde se encontravam fechadas, só assim se desenvolviam, só assim ganhavam um outro viço, mas ele também fazia paciências com as cartas, sobretudo desde que deixara o tabaco e a aguardente. Aqueles dois baralhos de cartas tinha-lhos mandado de Mieres um dos dali que andava nas Minas da Mariana, mas esquecera-se de por remetente. Fizera bem, assim nunca fora possível agradecer-lhe, poupara o selo.

"Don Antonio...", chamou.

Quando havia qualquer coisa grave a discutir entre os dois, Miguel tratava o pai por Don Antonio. Nessas alturas, o velho não se fingia surdo, nem trôpego, erguia-se e, em duas passadas, com ar decidido perguntava-lhe o que queria ou o que se passava. Apesar da idade, ainda era homem para manobrar um varapau ou engatilhar a espingarda. Miguel sabia que podia contar com o pai. Às vezes, disposto a aturá-lo, perguntava-lhe o que sucedera em 1930.

O velho galvanizava-se e aproveitava para contar a história pela milésima vez, apressando-se a especificar: "A 16 de Dezembro, foi logo no primeiro dia em que trabalhei como coveiro aqui em San Felices. Saí do cemitério já de noite e cercou-me uma alcateia...". E prosseguia a sua labiríntica história com as mãos espalmadas no balcão da taberna do alcaide, com as sobrancelhas carregadas, nos olhos o brilho sinistro, e a voz rouca e arrastada, ou ali em casa, às vezes com menos teatro e maior imaginação.

"O que foi?"

"Don Antonio, chegaram homens armados a San Felices, trazem pendão e correias, esses são uns, os outros são mouros..."

"Pendão e mouros! Diabo de ideia, viste-os bem?". Fizera a guerra no Norte de África e os mouros lá eram o inimigo. "Teriam ganho a guerra de África e já chegaram outra vez a Espanha?! *Hóstias!*"

Olharam através das cortinas. Os das correias pareciam espanhóis e os outros, decididamente, eram mouros.

E estavam juntos, não se falavam entre eles, mas não se hostilizavam. Alguém dava ordens, formando-os. O velho murmurou algo do gênero daquela gente cheirar a morte. E ainda não haviam saído da *Plaza Mayor*.

Pai e filho foram a um desvão e retiraram as armas e as cartucheiras. Os vizinhos começaram a sair das suas casas, aproximando-se dos recém-chegados, mas eram poucos os vizinhos. Pai e filho espreitaram os canos e meteram cartuchos de zagalote.

"Estes são mais para lobos do que para coelhos", comentou António Corral. "Miguel, temos de estar preparados, não é?"

O filho meteu num saco uns chouriços, pão, queijo, velas, fósforos e estava a colocar a alça no ombro, juntamente com a cartucheira, quando soou o primeiro tiro. O velho ia dirigir-se à porta, mas ele impediu-o. Fez sinal ao pai para que fossem ambos ao pátio interior, para o poço. Mas, antes de o seguir, correu de novo a espreitar à janela. Mais tiros e da praça na direção da casa deles vinha a correr Amélia Felices, a viúva do irmão Alonso. Miguel ia abrir-lhe a porta quando, de repente, viu um mouro enorme aparecer atrás dela e, antes que pudesse fazer o que quer que fosse, reparou como do peito da cunhada, mesmo entre os seios, saía a ponta ensanguentada de uma baioneta que ele lhe espetara pelas costas. Mais tiros e gritos e vozes e berros.

Miguel foi atrás do pai, metendo-se no poço logo a seguir a ele. Chamou o velho, mas ele já não lhe pode responder. Não tivera forças para se segurar na corda do balde até ao túnel de abrigo e precipitara-se na água. Viu-lhe um pé e a coronha quebrada fora da água. Desceu até ele, mas o velho partira o pescoço. Fora uma boa morte, de repente, como a que ele queria.

Ao poço chegava já quase apagado o ruído da fuzilaria. Miguel conseguiu descer até à abertura do túnel, logo acima da linha de água e entrou. Era a segunda vez que ali estava, da outra fora com o irmão, o velho em cima a segurar a corda e a explicar-lhes que pelo túnel se poderia chegar até aos subterrâneos do mosteiro. Ali estava ele agora, sufocando a dor do pai morto, com um saco de comida, a espingarda e uns trinta cartuchos metidos no cinto. Lembrava-se da tampa de tonel que estava encostada por ali, acendeu uma vela, e encontrou-a, usando-a para tapar o buraco. A tempo, que à boca do poço ouviu um requeté, não era da aldeia nem nenhum mouro, dizer que o da casa estava morto no fundo, mas ninguém se atreveu a descer. Então, Miguel começou a avançar pelo túnel, disposto a explorá-lo.

"Espero encontrar uma saída antes de acabarem estes tocos de vela", disse o rapaz em voz baixa, enquanto avançava pela passagem que se ia alargando a ponto de já poder andar em pé, ainda que um pouco encurvado.

22

Quando a coluna de Baltazar Negrões atingiu o cabeço chamado Malhadas, os olhos de todos pousaram no casario de San Felices de los Moros. Era o entardecer de um dia claro, o sol preparava o seu ocaso para os lados de Portugal.

"Amanhã aquela terra acordará portuguesa!"

Apreensivo, Braz olhou o Dr. Negrões. Depois, em silêncio, apontou três pequenos rebanhos que entravam na aldeia, apenas conduzidos pelos cães. Vinham de um bosque. Não se via vivalma. À contraluz, a janela mais alta da torre sineira da antiga fortaleza parecia um pequeno olho claro, a que tivessem deixado um dente. Um dente, outra vez a imagem de um dente podre num olho, numa torre, o ajudante levou a mão à cabeça como se pretendesse afastar pensamentos menos próprios.

Até à coluna parecia chegar o eco de uns passos, mas não se via quem andava, apenas o eco. O toque das trindades tanto parecia proceder da igreja como da torre.

Braz observava Negrões, que procurava desenhar numa folha quadriculada o que dali se avistava, mas o *croquis* não lhe saía a contento. Às tantas, o ajudante viu brilhar qualquer coisa junto das primeiras casas, pelo que tocou no braço do comandante. Este olhou na mesma direção, tentando perceber o que era. Mais atrás, metidos consigo mesmos, num silêncio que não lhes era frequente, sem acenderem cigarros, envoltos nos seus capotes, olhando as velhas espingardas que empunhavam como se fosse a primeira vez que as vissem, os milicianos da Coluna Negrões perguntavam a si próprios como seria o estouro do primeiro disparo. O comandante lograra convencê--los a acompanhá-lo naquela avançada a troco de glória e do saque de uma cidadela a recuperar aos espanhóis para a coroa portuguesa. Dois ou três ainda hesitaram ante a expressão *coroa portuguesa*, porque não *república*? Dissera-lhes que, à entrada de Los Moros, seriam oficialmente suspensos os direitos da população civil, filhos e netos de gente do sul, que havia sido trazida por Franco para ocupar uma terra chacinada pelos mouros durante a Guerra Civil. E agora ali estavam eles para recuperar uma povoação desde os tempos do senhor D. Dinis que, apesar de consignada portuguesa em documento oficial, o Tratado de Alcanizes, fora subtilmente subtraída ao território nacional.

Gervásio, engraxador nas tardes de sol à porta do Café da Porta do Olival, no Porto, sabia muito bem que esse rei D. Dinis era o marido da Rainha Santa Isabel, a do Milagre das Rosas, contando-o vezes sem conta aos seus camaradas de coluna. A seu lado, o Guedes, que Negrões aliciara na estação de Campanhã quando lhe levava as duas malas enormes do Intercidades para o táxi, esse fizera a guerra colonial em S. Tomé, onde se gabava de ter morto de um tiro dois negros, um à frente do outro, e ele a um metro e meio, de G-3 apontada, fotografado por um outro, o Louro, que também ia ali com eles, porque para onde fosse o Guedes ia o Louro. Vira uma fotografia numa revista, um oficial a dar um tiro de revólver na cabeça de um china qualquer, fora no Vietnã ou por lá perto, e decidira fazer a dobrar, mas com a G-3. E fizera. Agora ali estava com um canhangulo nas mãos, teria sorte que aquela merda não lhe estourasse ao primeiro tiro. Sentia muitas saudades da G-3, tanto mais que era uma arma mais segura e eficaz para combate.

Agora o Dr. Negrões queria que eles ficassem ali, deitados na terra, as formigas passando-lhes junto da cara, uma cobra a rir-se deles, a dois metros. Um dos camaradas tirou vagarosamente o cinto e acertou com a fivela num coelho que os olhava sem perceber porque estavam ali agachados, quietos, esmagou-lhe a cabeça e logo o meteu no bornal, que se ensanguentou.

Os rebanhos desapareceram-lhes da paisagem, dois homens caminhavam em silêncio para os lados de umas ruínas, que ficavam à direita da igreja. Negrões disse a Braz que eram as ruínas do convento de clausura. Braz estava apreensivo pela maneira nervosa como o comandante amarfanhava as folhas que arrancava do bloco e onde não conseguira fazer desenho aceitável que os pudesse guiar.

Ofereceu-se para ir mais perto da aldeia tentar outros desenhos e regressar, mas Baltazar Negrões assinalou-lhe outras duas figuras que se destacaram de uma parede, exatamente daquela onde brilhara qualquer coisa momentos antes. Era uma patrulha da Guarda Civil, dois homens de tricórnio, farda cor de azeitona e espingardas na mão. Negrões achou estranho que não as usassem dependuradas do ombro ou à bandoleira mas que as empunhassem, estariam descobertos?

23

Uma discussão em voz baixa, um pouco atrás, chamou a atenção do comando da coluna. Dois milicianos começavam a erguer-se, dispostos a lutar entre si, enquanto outros dois recolhiam um baralho de cartas espalhado entre as pedras. Foi Braz que os aquietou atirando-lhes com o cantil. Olharam-no, estupefatos, e colocando ele o indicador sobre os lábios, voltaram a deitar-se no solo, levemente reconciliados. Nesse momento, Negrões, que se deslocara um pouco para a esquerda, apontou para os lados da torre sineira, fazendo uma linha com a mão até que o olhar míope de Braz se fixou num pano de muralha.

"É a porta principal de Los Moros. Estás a ver aquela cavidade na muralha?"

E passou os binóculos ao ajudante.

"Não tem lá nada no buraco."

"Encontrava-se lá a cabeça do mouro que fundou a aldeia. Levou-a o duque de Alba, a pedido da mulher, para Madrid."

"Ah", disse Braz, que não estava a perceber o sentido do que o comandante dizia.

"Bem, passamos aqui a noite, e antes que nasça o sol desceremos a Los Moros..."

"Os homens já me perguntaram a que horas vão comer. Não se esqueça que, como nada encontramos em Castelo Rodrigo, ficaram sem almoço, e mesmo ontem à noite apenas engoliram um pedaço de pão cada um, pão com azeitonas, meu comandante". Braz militarizava-se na altura de reivindicar.

"Com eles partilharia o meu jantar, ajudante Braz, mas de que pode valer a vinte homens uma lata de sardinhas em conserva e uma maçã?"

"O seu carregador de Campanha pediu-me que lhe dissesse uma coisa..."

"E pediu o quê?"

"Ele e o Gervásio encarregam-se de ir ali a um casal, que fica a um tiro de espingarda do Forte Concepción, buscar comida para todos. Ou, por outra, poderemos lá ir comer. A tropa arrancha-se e à hora do ataque estão todos com forças."

Baltazar Negrões meteu a cabeça entre as mãos enluvadas e pensou alguns momentos. Apetecia-lhe um pedaço de carne assada nas brasas. Apetecia-lhe queijo. Apetecia-lhe uma garrafa de vinho. Tinha uma garrafa de vinho do Porto no alforge, mas só a queria beber, e sozinho ou com o Braz, quando fosse senhor da situação em Los Moros. Ergueu o rosto e disse ao ajudante:

"Chame lá o carregado."

Braz afastou-se na direção do grosso da coluna, e daí a instantes já estava de volta com o Guedes.

"Disseste que arranjas comida para a força?"

O carregador coçou a bunda, ergueu as sobrancelhas e, com certa arrogância, arrastando um bocado a voz, respondeu:

"Eu não disse que arranjava comida, meu comandante. Saiba o senhor doutor que em três horas ponho toda a coluna a comer..."

"E o que é preciso para isso?"

"Vão comigo o Gervásio e o Louro. Prometo que não daremos um tiro sequer, aliás nem levamos as espingardas. São sete menos dez; às dez da noite, o senhor doutor leva a tropa ali para o casal por onde há bocado passamos, à beira da estrada para o forte. Olhe, senhor comandante, até nem é preciso: fiquem aqui que um de nós vem cá chamá-los quando a coisa estiver pronta, está bem?"

Negrões ia dizer que não sabia, que precisava de pensar, mas o Guedes já estava a chegar junto dos camaradas e mandava erguer-se o Gervásio e o Louro, que encostaram as espingardas numa pedra e logo se puseram a caminho. O comandante da força mordeu os lábios e voltou a deitar-se, ocupando com o ajudante Braz o posto de observação.

"Então, senhor doutor?"

"Vão pagar caro o que fizeram!"

"Aqueles três?"

"Não, os espanhóis."

"Fizeram o quê, meu comandante?"

"Em Escarigo..."

"Em Escarigo?"

"Escarigo fica perto de Castelo Rodrigo, era um lugar de duzentos vizinhos e onde havia uma força de uns setenta homens. Os espanhóis entraram lá e arrasaram com tudo! Eram onze mil infantes e meio milhar de cavaleiros! Saquearam e incendiaram tudo, menos a igreja. Foi o próprio D. Francisco de Monzón, que comandava a força, o protetor da igreja. Homens, mulheres e crianças fugiram pelos olivais e pelas vinhas, e eles a matar, a matar. Na Vermiosa, que também ali fica perto, meia légua a poente, a cavalaria correu todas as ruas da aldeia degolando quem via. Em cem habitantes rolaram setenta cabeças, os outros foram enforcados. Em Almofala, logo adiante daquela torre que conquistamos anteontem, outra mortandade. Quando passaram ao Colmeal, roubaram o que quiseram, mas aí não estava ninguém, que a população fugira toda para Mata de Lobos, onde resistiram na torre sineira, em frente da igreja, mas pela igreja subiu a tropa castelhana e atirou giestas e palha em chamas para dentro morrendo ali todos queimados. Comandava estas últimas forças um capitão Álvaro de Bivar..."

"E esse tal capitão vive em Los Moros, senhor doutor?"

"Qual! Isto passou-se em 1643, na Primavera de 1643...". Braz olhou, incrédulo, o comandante da Coluna Negrões.

24

(Meu caro Andrés/cont.) Dois dias depois, após uma hora de conversa a sós com André Marty, António Serra dispunha de uma força designada Grupo Autónomo 01 das Brigadas Internacionais, a que o excesso de voluntarismo evitou que ultrapassasse uma folha timbrada das BI e manuscrita e assinada por Marty. Ora, entre a papelada de Serra estava uma fotografia desse documento cujo original nunca chegou a aparecer; ou pelo menos, nunca foi tratado por ninguém, desde Hugh Thomas e Gabriel Jackson até António Pedro Vicente e César Oliveira, e não acredito que por desinteresse destes pelo assunto.

Entretanto, digo-te que um dos trinta e oito homens homens dessa força, para a qual Marty nomeou Serra como único responsável, como comandante, graduando-o capitão, era um polaco chamado Gregor; Gregor Polinawski ou qualquer coisa parecida (o nome dele está aí na pasta). Pois este Gregor desapareceu depois do jantar do dia seguinte, em que Serra comunicou aos seus homens sobre a missão especial que lhes estava cometida.

Acontece que Gregor se passou para o outro lado, transformando-se, vamos lá saber porquê, na sombra negra de Serra.

Quando o G-O1/BI foi surpreendido por um dos do Tabor de Larache, o próprio Gregor, que se encontrava entre estes, apontou Serra para que o matassem imediatamente. Isto aconteceu já nos arredores de Olivença, quando a força preparava um ataque que não foi tão de surpresa quanto julgavam.

Realmente, dois mouros caíram sobre António Serra e cortaram-lhe o pescoço, separaram mesmo a cabeça do corpo, e aos seus homens fuzilaram-nos contra o muro de um pequeno cemitério. Acabei por descobrir que o tio desse meu amigo foi degolado e não fuzilado, e estou a seguir uma pista que me poderá confirmar que se tratava do cemitério de San Benito de la Contienda. De acordo com as atas do fuzilamento da força, redigida num péssimo castelhano, endereçada a uma repartição de municiamento, havia a estranha informação que os trinta e oito brigadistas foram fuzilados em cinco grupos e incluíam o cadáver de Serra em todos eles, como se quisessem, com balas, apagar as marcas dos sabres!

Ora o polaco ficou com o casaco de couro de Serra e, três dias mais tarde, um grupo guerrilheiro, com base em Albuquerque, desfez à bomba um automóvel, liquidando Gregor. Com ele seguiam um mouro e um falangista, todos em estado de total embriaguez (li a parte, assinada por um tal Pinto). No forro do casaco foi encontrada uma pequena agenda com o diário de Serra, que seria mais tarde incluído entre a documentação dos guerrilheiros, que a entregaram quando se renderam, já em 1951. Fui encontrar essa agenda em Salamanca, no Arquivo Histórico. Aí na pasta está tudo fotocopiado, dá-lhe uma vista de olhos, mas não demores a enviar-me a papelada.

O Otto é como tu, um louco por tortilla de collejas, mas lixou-se, porque em Los Molinos não a havia nessa noite!

Isto, para além de um artigo para História 2000, *que poderá servir de esqueleto para um romance. Na estação de Albacete, quando chegaram os brigadistas internacionais, naquela fantástica viagem comemorativa dos sessenta anos, foi um trabalho do diabo encontrar este Otto, um austríaco bulímico, que mal conhecia isto e com quem passei demasiado tempo.*

No regresso de Albacete, passei por Olivença, fui aos cemitérios de San Benito de la Contienda, de San Rafael de Olivenza e de Villareal, conforme digo atrás, inclino-me mais para o primeiro como cenário da morte de Serra, mas não demorarei a ter alguma prova. De qualquer modo, em Olivença, falando com um historiador local, autor de três ou quatro volumes de perspectiva castelhanizante, disse-me nada conhecer sobre o tema! Para me livrar dele, tão palavroso era!, valeu-me ter chegado o sogro, com o mais novo dos netos, vinha do infantário. Na esplanada mais próxima, o sogro, com uma simples fanta misturada com genebra, já se me gabava de ter sido falangista e fuzilado trinta e oito brigadistas numa só tarde. Era dos que andava vestido de mouro, para aterrorizar!, e lembrava-se muito bem dos mouros que degolaram Serra! O mundo é pequeno, Andrés!

Amanhã saio para Los Moros, pois não posso escrever o texto para a revista sem ter cá essa pasta. Não conheço a aldeia e tenho alguns dias livres. Mas não te preocupes, que o artigo dos feijões na Mittleuropa está apalavrado. Por uns papéis que localizei nos antigos escritórios de um armazém de víveres húngaro, foi um manchego de Madrigueras. Mas não quero tirar-te a surpresa.

Bem, passa então por Los Molinos e localiza a maldita pasta! O Otto mandou-me um postal de Linz, que foi o berço de Hitler, mas só com cumprimentos. A pasta que venha pela SEUR, pelo menos com todas as garantias. E tu não te ponhas a cantar os versos do Ismael Montes:

La verdades
que no sé qué decir después
de tanto vino!

Um abraço do teu amigo,
    José

25

O salão das sessões do *ayuntamiento* de San Felices de los Moros era espaçoso, o mobiliário velho mas acabado de encerar. Uma mulher gorda andava por ali, com uns panos nas mãos, deixara de trabalhar para olhar com todo o descaro o tenente Pérez, o cabo LaLlave, os dois mouros, enormes, de *dgilabas*, e os requetés com aquelas espécies de terço ao pescoço e o pendão com a cruz do Senhor. Fazia-lhe espécie os mouros estarem ali, parecendo amigos dos outros, daquela tropa vestida de maneira tão esquisita. Os mouros usavam umas espingardas maiores que os brancos e punhal à cinta, umas longas espadas.

D. Sinfrónio Dominguez y Corral, o alcaide de San Felices, ainda com o avental azul na mão, fazia muitas vênias, convidando os recém-chegados a sentarem-se à mesa dos conselheiros, mas eles escusavam-se, preferindo ficar de pé, relanceando os olhos pelas paredes. Avultavam dois grandes quadros, um maior do que o outro, apenas ligeiramente maior, que representava o rei Alfonso XIII, envergando um belo manto vermelho, a tinta do quadro estava um tanto desbotada, mas mantinha a majestade do porte, sublinhada pelo largo colar de uma ordem, que nem o tenente Pérez nem, naturalmente, nenhum dos seus homens saberia identificar, a mão direita assomando de um canhão debruado a ouro e a esquerda, apoiada num canto de mesa trabalhada, como se ensaiasse uns passinhos com os dedos, saindo de uma pele branca, decorada com espigões, afinal o forro do manto. Alfonso XIII, o bigode muito bem desenhado, as orelhas parecendo mais afastadas da cabeça do que realmente o eram e aquele olhar meio perdido, de quem precisa de um escudo humano para exercer a realeza. Ainda mal correra que os republicanos haviam ganho as eleições nas principais cidades de Espanha e já ele batera com a porta, saíra de Espanha. Haviam passado, deixa ver, o tenente contou pelos dedos da mão direita, assentando-os na mesa, tal como o rei parecia estar a fazer, quatro, cinco, seis, teria seis dedos ou apenas fora em 1930 que o fizera?

"Ah, senhor comandante, este retrato de Sua Majestade foi-nos trazido pelo coronel Paz Quintero, que foi ajudante de" campo do senhor general..."

Voltaram-se todos para o quadro ligeiramente mais pequeno. O tenente lembrava-se daquela imagem na Academia Militar, era um retrato inócuo de D. Miguel Primo de Rivera, mas o quadro não era o mesmo, tratava-se de uma cópia do original de José Ribera, que acabara por ser metido numa arrecadação da academia, destinado, dizia o tenente encarregado de gerir o patrimônio, ao futuro Museu do Exército. Pérez reparou que o copista até reproduzira a assinatura do pintor Ribera antes de desenhar o seu apelido, Roig. Primo de Rivera com as suas condecorações, mas envergando um casacão largo, com o ar decidido que lhe conhecera as duas vezes que o vira, em paradas. LaLlave aproximou-se do tenente e perguntou-lhe em voz baixa:

"Meu tenente, não nota nada?"

Pérez olhou o cabo, arqueou as sobrancelhas e respondeu-lhe também num sussurro:

"Tem razão. Azaña, onde está Azaña? Ou o nosso general..."

O alcaide acabou por meter o avental numa gaveta da mesa grande, colocando-se no topo, onde presidia às sessões, tendo o retrato do rei atrás de si. Reparando que faltava a bandeira, foi buscá-la a um armário e colocou-a no pequeno mastro. Era, para surpresa de todos, a bandeira da monarquia espanhola. Com um gesto de irritação, mandou afastar a mulher da limpeza. Depois, uma vez mais, convidou os visitantes a acomodarem-se. Apenas um mouro o fez, encostando a espingarda à parede, abrindo a boca numa amostragem de todos os seus dentes, sorrindo, parecendo nada estar a perceber.

"Então, senhor alcaide..."

"O senhor comandante manda..."

"Esta aldeia..."

"San Felices de los Moros, senhor comandante", o alcaide parecia ir começar um discurso, "está às ordens de Vossa Excelência, servindo Sua Majestade Católica com a fidelidade e a dedicação de sempre. Nunca entraram nesta povoação as ideias contrárias à nossa pátria e a El-Rei..."

O tenente Pérez sentou-se na beira da mesa, balançando as pernas enfiadas nas botas empoeiradas. Olhou o rosto do alcaide e reparou que ele demonstrava uma alegria natural, embora olhasse os mouros de soslaio. Em alguns *ayuntamientos* suavam como porcos, diziam exatamente o contrário do que estavam a pensar, mas diziam-no, exibindo retratos de Franco, da governação de Burgos, cruzes, palavras de ordem. Mas aquele D. Sinfrónio ultrapassava os limites do crível.

"Afinal, senhor alcaide, de que lado está?"

"Do lado de Sua Majestade, do lado do nosso general Primo de Rivera, e isto é estar do lado da gloriosa Espanha e do lado de Deus!"

LaLlave atreveu-se a perguntar:

"Há *rojos* na aldeia?"

O alcaide abriu muito os olhos e mal articulou:

"*Ro-jos*?"

"A revolução entrou em..."

O taberneiro de San Felices mostrava toda a perplexidade:

"Os *rojos* revoltaram-se?! O senhor comandante fez o favor de nos vir defender dos *rojos*?"

O tenente respirou fundo e decidiu resolver a situação de uma vez por todas:

"Estamos a controlar a fronteira em nome do novo governo de Burgos. Precisamos de saber com quem podemos contar. Porém, o senhor alcaide parece não saber exatamente o que aconteceu em Espanha..."

"E... o que aconteceu em... Espanha, senhor comandante?"

"Houve uma revolução contra o governo da Frente Popular, os nossos generais Franco, Mola..."

"Contra o quê?", O alcaide tirou o avental da gaveta e começou a passá-lo pela calva, pelas faces, torcia-o, pingava.

"Então, não sabe que a República..."

"A república, senhor comandante... Mas de que república está a falar?"

A voz do tenente ressoava naquele salão, os olhos de Alfonso XIII pareciam afundar-se no rosto magro e Primo de Rivera encolhia os ombros, querendo voltar as costas a tudo aquilo. O alcaide estava inquieto, pensava que fizera asneira em não ter metido no bolso da jaqueta a pistola que guardava debaixo do balcão, junto da gaveta do dinheiro. Quem seriam, afinal, aqueles homens? Não se atrevia já a fazer perguntas sobre a presença dos mouros naquele rincão de Castela-a-Velha, a pouca distância de Salamanca e de Ciudad Rodrigo. E aquela tropa dos cordões das cruzes e as estampas pregadas nos casacos que, em vez de bandeira, traziam pendões com Cristo crucificado? Pelo que dissera um deles, eram navarros. Estariam contra o rei? Estariam contra o general? Em San Felices viviam ainda na lembrança de umas caçadas, seis ou sete anos atrás, do coronel Paz Quintero, que fora ajudante de campo do general Primo de Rivera, que estava a meter a grande Espanha nos eixos, a querer encher os cofres do tesouro.

D. Sinfrónio mal escutava as palavras do tenente que lhe falava de eleições fraudulentas, da fuga do rei, mas que Primo de Rivera já fora destituído, que o coronel Paz Quintero quando ali estivera possivelmente abusara da confiança deles, que o general já não mandava no governo, que vieram os socialistas e os anarquistas, os da Frente Popular, Azaña, Indalecio Prieto, milicianos em armas, comunistas que matavam os padres e as freiras, que queimavam igrejas.

O alcaide retorcia o avental, metia-o na gaveta e voltava a tirá-lo e a torcê-lo. De repente, um tiro veio em seu auxílio. Um tiro que ecoou no salão como se tivesse sido dado ali mesmo e não na rua, na *Plaza Mayor*, depois foi um grito, e mais tiros e mais gritos, os mouros foram para a varanda e desataram a berrar enquanto colocavam as baionetas nas pontas das espingardas.

"Estamos a perder o controle da situação, meu comandante", observou o cabo LaLlave. "Que fazemos?"

"O filho da puta do Manteiga?"

Entrou no salão o jovem observador e contou que, impacientes, os mouros haviam começado o saque, que ninguém conseguia ter mão neles. Continuavam a ouvir-se os tiros e os berros, matavam homens, mulheres, crianças. O alcaide estava em pânico, encostando-se ao único móvel trabalhado do salão. Era uma armário enorme, em talha, decerto procedera do convento. Ali o cravou um dos mouros, trespassando-o com a baioneta comprida, num gesto firme, rápido, eficiente.

O tenente levava a mão à pistola, mas não a retirava do coldre, dava ordens e contraordens, que o sargento Toro, entretanto chegado, e LaLlave repetiam, mas já não saíam do salão de sessões do *ayuntamiento*.

Quando, na varanda, um dos requetés agitou o pendão e a seu lado o outro mouro berrava algo ininteligível, de repente tudo se aquietou, e um silêncio caiu sobre San Felices.

"Ninguém se lembrou de tocar o sino da torre...", murmurou o jovem requeté.

"Não houve tempo", comentou LaLlave.

Por toda a parte havia corpos estirados, portas rebentadas.

Quem havia gritado, quem havia chorado, quem se tinha escondido, quem tentara fugir, quem chegara à aldeia, todos, todos haviam sido mortos? Todos. Fora a carnificina que acalmara os mouros, a carnificina rápida, enfim tendo os mouros à sua disposição uma centena de casas e respectivos bens para o saque, no que foram acompanhados pelos requetés. Nem a igreja lhes escapou, a pretexto de colocarem a custódia de prata em local seguro, assim como outras alfaias.

Os invasores faziam já a arrumação dos corpos enquanto cavavam uma fossa do lado de fora do que restava das muralhas, quando entrou na *Plaza Mayor* um rapaz com um rebanho, o cão ladrava furiosamente, mas o pastor parecia despreocupado, mais interessado em ver de perto as camionetas, olhando os mouros e os requetés como se fossem anjos. E foi um mouro que o degolou quando deles se aproximou, a baioneta rasgou-lhe a garganta, e quando a cabeça lhe foi arrancada do corpo, o rapaz esvaiu-se em sangue e o cão ladrava desesperadamente e o rebanho dispersava-se.

Embora mal começasse a escurecer, o sol desaparecera para os lados de Portugal, e saíram patrulhas de mouros e requetés a inspecionar as redondezas, para que ninguém ficasse vivo em torno de San Felices. Mas nos montes apenas andavam mais quatro zagais com os rebanhos e as quatro mulheres que lavavam na ribeira foram encontradas escondidas entre umas azinheiras. Ninguém ficou para poder contar e todos desapareceram na fossa comum.

Fechando-se a noite, o tenente Pérez, LaLlave, o sargento Toro e o cabo encarregado de chefiar os mouros, sentados à mesa da sala das sessões, comeram com avidez, depois de terem mandado lavar o chão do sangue do alcaide e da mulher da limpeza, que estivera escondida atrás de uma porta até que um dos mouros a surpreendera e a abrira de baixo acima.

26

"Esta gente das aldeias fronteiriças tem uma tradição danada. Antigamente não podia ser chamada para o exército, no entanto estava preparada para qualquer eventualidade..."

"Armas em casa, ou coisa assim?", perguntava o ajudante Braz ao comandante.

"Sim, armas e fardas. Naquele tempo, qualquer coisa lhes servia para se fardaram, desde que tivessem algo que os unisse, uma figura bordada, coisa assim..."

"Li no *Reader's Digest* que os suíços também não têm exército, mas guardam tudo em casa, e, como os bombeiros, quando chamados, apresentam-se dispostos a defender a pátria. E fazem exercícios em determinados dias do mês, não é?"

Negrões explicou que quer em Lumbrales como em Los Moros, por Bermellar e em La Redonda, os homens válidos de cada aldeia estavam mobilizados até aos 50 anos, mas só eram desmobilizados se tivessem, pelo menos, vinte anos de serviço nas milícias locais. A coisa era dura, mas do que é que estavam à espera ali mesmo na fronteira?

"D. Francisco Pavón, D. Agustin de Pons y Mir eram gente de grande prestígio em Los Moros, e o que é que lhes aconteceu? Numa guerra desapareceram, famílias inteiras dizimadas. Mas na Guerra Civil, Los Moros levou uma razia como não há exemplo. Uma força franquista desfez isto, matou toda a gente, foi um saque tremendo dos mouros e dos requetés, não se salvou ninguém, ninguém, o convento estava deserto, sabe?"

"Mas os frades..."

"Eram freiras. As freiras desapareceram antes das forças nacionalistas entrarem aqui. E isto chegou a um ponto que, para evitar o escândalo, o Franco mandou vir umas sessenta famílias pobres da Andaluzia e deu-lhes casas e terras para que repovoassem Los Moros. Nenhuma daquela gente que ali está tem as raízes naquela terra. Entende?"

"Quantos mataram, senhor doutor?"

"Os nacionalistas?".

"Umas trezentas e tal pessoas. Como era uma segunda-feira, o padre estava em Lumbrales, de visita a uns parentes que de lá lhe mandaram recado. Isto eram uns ermos, mas sabemos hoje que não havia cá médico, só um boticário à antiga, um professor de primeiras letras, o homem não tinha curso mas ensinava o bê-á-bá às crianças..."

"Crianças, que também foram mortas, senhor doutor..."

"Que também foram mortas, claro."

Os dois homens ficaram a olhar para os respectivos cigarros. Encontravam-se prontos a avançar a qualquer instante, aguardavam apenas a hora estabelecida. As armas estavam oleadas, haviam sido revistas, cada homem tinha as suas cartucheiras carregadas, as espingardas não suportavam baioneta, salvo o rifle mais antigo, eram de um ou dois tiros, material antigo mas em bom estado. A Baltazar Negrões havia um pensamento que se lhe atravessava. Era acerca daqueles dois que haviam andado na guerra colonial e se riam continuamente das suas ordens, mas não se riam frontalmente, apenas um risinho filho da puta, como se estivessem a par de um segredo qualquer e ele estivesse fora do esquema. Já se veria no assalto a Los Moros se eles eram verdadeiros homens de armas.

O comandante da coluna não contara aos seus homens que passara todo o tempo de tropa no Museu Militar, a catalogar as coleções de miniaturas em chumbo dos exércitos dos países da Europa, desde o tempo dos romanos até ao final da II Guerra Mundial. Que lhes poderia interessar? O ajudante Braz fora mobilizado em 1969 para S. Tomé, era de transmissões, mas nunca chegara a embarcar porque meteu, com sucesso, a alegação de ser o único amparo da mãe. Os outros dois sacanas não, eram atiradores de especialidade, haviam estado um na Guiné, com o homem do monóculo, o Spínola, e o outro em Moçambique com o Kaúlza, este envolvido na célebre Operação Nó Córgio. Um e outro gabavam-se de mil atrocidades e também manejavam as navalhas com bastante destreza. Aliás, pareciam preferir as navalhas às espingardas. Um dissera-lhe que se fosse ao menos uma G-3 ainda se poderia esperar algum sucesso, agora com aqueles canhangulos nada se poderia dar como certo. Que era um risco do caraças.

Quando o avô lhe deu o mapa do esconderijo onde tinha as armas enterradas, Baltazar Negrões estremecera. Nesse momento sentira que os seus passos deveriam juntar-se aos passos de muitos outros patriotas e em largas passadas seguirem na reconquista daquela parcela de território nacional. E o primeiro a arregimentar fora o ajudante Braz.

Naquela ocasião, o comandante da coluna calculava que não os esperava um cerco demorado nem a ameaça das armas às barbacãs da muralha de Los Moros, aquelas muralhas antigas, desdentadas, sobranceiras às águas revoltosas do Águeda.

"Na minha família contavam não sei o quê sobre uma aldeia que é aqui perto..."

"Que aldeia?"

"Barba de Puerco..."

"Ah, não sei..."

"Que uma prima da minha avó tinha ali um primo chamado Silvestre."

Queria lá saber do primo da avó de Braz! O ajudante dizia que o homem se chamava Silvestre Manzanero Gómez e era funcionário administrativo retirado. E um dia tivera de deslocar-se, lembrava-se agora, a Los Moros para receber a sua vara de alcaide de Barba de Puerco.

"Era o meu tio espanhol. Chamavam-lhe *Tio Espanhol*, mesmo os que nem eram parentes dele."

Negrões conhecia o ritual da cerimônia: *Aqui vos entrego esta vara e as insígnias de Jesus Nazareno. Não a deveis entregar a ninguém que não tenha aqui servido. Recebe-la? Recebo, Outorgai-la? Outorgamos.* E o que entregava as varas de alcaide, dirigindo-se aos circunstantes, bradava: "*Sejam todos testemunhas e façam o favor de rezar o Bendito*". Depois regressaria a Barba de Puerco com os seus vizinhos que o haviam acompanhado. Não eram gente de guerra, mas pareciam decididos com os seus trajes austeros e armados de paus ferrados. Eustáquio de Sessé tinha afinidades com eles, mas a história deste homem é um enigma histórico.

A tese de licenciatura de Baltazar Negrões fora sobre a incursão de Eustáquio de Sessé a San Felices de los Moros, e tivera problemas quer com o diretor da tese, o Prof. Costa Prezado, quer com os membros do júri. Chegaram a mostrar-se reticentes em sequer tomá-la em consideração.

O ajudante Braz adormecera e, pela maneira regular da sua respiração, há muito deixara de o ouvir.

27

A 14 de Agosto de 1993, Maria Antónia Ortega, finalista de História, variante de Arqueologia, na Faculdade de Letras da Universidade de Salamanca, encontrou uma pequena lata ferrugenta metida entre duas pedras, a cinco metros de profundidade. Um calceteiro do *ayuntamiento* de San Felices de los Moros trabalhara toda a manhã, abrindo um largo buraco entre a mole acastanhada e destruída do antigo convento e as primeiras casas da aldeia.

A estudante integrava um grupo de investigação arqueológica dirigido pelo Prof. Luís Soto Miguez, no âmbito do levantamento da arquitetura monacal em Castilla y León. Os alunos que integravam a equipe estavam prevenidos de que todos os achados deveriam ser imediatamente comunicados ao arqueólogo, que os examinava, sentado a uma ampla mesa de campanha, numa tenda abrigada entre as árvores. Soto Miguez montara ali uma pequena biblioteca e os achados, desde cápsulas de balas do tempo da Guerra Civil a ferraduras, algum canivete, cordões de metal, tudo isso estava disposto em tabuleiros de bordo alto. Ele interrompeu uma leitura quando Maria Antónia lhe colocou diante a pequena lata aberta, emergindo das folhas de papel. Começava a desdobrá-las quando o calceteiro autor do achado, regressando, começou a berrar para que alguém lá fosse outra vez, que aparecera um corredor. O Prof. Soto Miguez ergueu os olhos para a aluna e disse-lhe:

"Vá ver o que se passa, entretanto vou ler isto, está bem?", E enquanto Maria Antónia se afastava, ele ficou a observar-lhe a figura bem feita, que momentos antes se inclinara para ele mostrando-lhe os seios pela blusa entreaberta e agora lhe voltava uma bunda alto e redondo. Levou à boca a lata de cerveja e consolou-se com aquela corrente fria que depressa lhe desceu pelo peito. Tinha as folhas dispostas diante de si, quatro papéis em mau estado, amarrotados, cobertos com uma caligrafia elegante e de fácil leitura:

Minha querida Irmã, esta carta ficará guardada numa fenda do teto deste corredor entre o nosso convento de San Felices de los Moros e a casa do Miguel, que é uma das saídas secretas de que dispomos. Eu sei que não lerás esta carta, mas alguém o fará por ti, encontrarás alguém que o fará por ti, minha irmã. Sabes que tenho andado a vaguear pelo tempo sem que o Senhor se compadeça de mim e me chame à Sua Presença, cem vezes mudei de rosto, cem vezes as minhas mãos foram outras mãos, mas bem poucas tive outras vestes que não este hábito quase em farrapos. Quando, pelo medo aos invasores, nos metemos nos subterrâneos do convento, abastecemo-nos para um mar de vidas, mas nem eu nem as nossas queridas irmãs calculávamos que fosse por tanto tempo que perderíamos o contacto com o sol e com as árvores, que quanto à gente da aldeia já mal a víamos. Por um buraco observei como o nosso confessor nos procurou quando começaram os tiros e não o pudemos esconder entre nós, porque quando íamos ajudá-lo, abrindo-lhe a porta, vimos como o seu rosto se transfigurava e da boca lhe saía uma golfada de sangue ao mesmo tempo que se ouvia um forte grito e aparecia um mouro sem turbante, este estava preso num prego saliente da parede da nossa casa e reparamos que tinha a cabeça rapada, a dentadura esbranquiçada e uns olhos pequenos e vermelhos que por um instante se cruzaram com os meus, que experimentou todas as portas, abriu algumas mas davam para muros de pedras, eram portas decorativas como tolo era o gosto de quem construiu este convento, e o soldado, afinal, deve ter considerado uma ilusão aquilo de encontrar outros olhos. Depois, quando voltei a espreitar, vi-o revistar o padre e ficar-lhe com o saco que deveria conter todos os seus pertences. E o monstro dava gritos de alegria ao manusear cordões de ouro e algum rosário mais valioso, abalando em saltos grotescos enquanto enrolava aqueles panos na cabeça.

    Com a chegada de Miguel junto de nós ficamos a conhecer que o túnel subterrâneo do convento levava ao poço de uma casa no meio da aldeia, o que queria dizer que não poderíamos fugir por aí. Talvez tivessem querido fazer um outro túnel, mas não fora necessário pelas garantias que os Reis Católicos quiseram dar a este mosteiro e que os séculos, por onde eu ando nesta minha marcha sem descanso, se encarregaram de contrariar. Lembro-me muito bem da cédula com que nos honrou tão poderoso como formoso matrimônio, cujas efígies não me cansava de admirar no portal principal da Universidade de Salamanca, quando ali acorria eu em busca de ensinamentos: D. Fernando e Dona Isabel pela graça de Deus Rei e Rainha de Castela de Leão de Toledo da Galiza de Portugal de Sevilha de Córdova de Murcia de Jaén do Algarve de Algeciras de Gibraltar Príncipes de Aragão e Senhores de Biscaia e de Molina: A vós o conselho de justiça de Regedores Oficiais e Homens Bons da Vila de San Felices de los Moros, por aí fora.

Na nossa capela havia uma tábua pintada com ambos os reis olhando um ponto alto, a ponto de terem as cabeças atiradas para trás, pois para Deus decerto olhavam, e como o Senhor se encontra em local inacessível, eles buscavam mesmo esse lugar.

O Prof. Soto Miguez estava perplexo, pois as condições do achado sugeriam algum desespero por parte da freira que escrevera a carta e, afinal, ela perdia-se em anotações quase sem nexo. Curiosamente, sendo portuguesa, e pela escrita só poderia ser uma portuguesa, nunca se referia ao fato do castelo ter sido obra de D. Dinis, decerto logo a seguir ao Tratado de Alcanizes. Seria lógico que o fizesse, se o soubesse. Bem, castelo exatamente não, antes uma atalaia um tanto avantajada, não mais que atalaia.

Maria Antónia chamava-o, mandara à tenda um rapaz baixo, de grandes óculos com as lentes empoeiradas, que se movia como se andasse continuamente estonteado. Tratava-se de Manuel Garcia Garcia, já coautor de cinco ou seis estudos sobre os cistercienses de Alcobaça, que lhe solicitara integrar aquela equipe na esperança de encontrar elementos comuns na linguagem do silêncio praticada pelos monges. O seu doutoramento em curso incidia sobre essa matéria.

"Há um amplo corredor entre o mosteiro e um lugar qualquer, na direção da povoação, não quer vir verificar?"

Seguiu-o até às traseiras do convento. Garcia parecia escolher as pedras mais elevadas para as usar como caminho, cambaleando e escorregando muitas vezes. "Quer saber?", perguntara-lhe naquela tarde em que lhe vira a surpresa no rosto, no seu gabinete da faculdade, quando se apresentara a entregar o pedido de integração na equipe: "Para pão faz-se um sinal com os dedos polegares e com os indicadores, que naquela época eram os demonstradores; sardinha era o sinal de peixe, fazendo com a mão o movimento do rabo de peixe na água, mas mostrando o dedo mais pequeno; boi é fazendo na testa o sinal semelhante aos chifres".

O Prof. Luís Soto perguntara-lhe, com curiosidade infantil, como é que distinguiam a água do vinho lá com esses sinais. Garcia, sempre muito sério, colocando melhor os óculos de aros dourados no cimo da cana do nariz, explicara:

"O sinal do vinho era com o dedo indicador nos lábios e o da água movendo os dedos da mão juntos."

Chegaram a um buraco por onde Maria Antónia já se esgueirara, e em cujos umbrais o calceteiro do *ayuntamiento* continuava a bater com a picareta. Estavam ali ainda dois estudantes, estes eram de Valladolid, um deles com uma máquina fotográfica e o outro gravando tudo em vídeo. Foi este que falou:

"A Maria Antónia pegou numa lanterna e entrou. Disse que ia explorar..."

28

Negrões encostou o rosto ao tronco de uma árvore e apertou as faces à casca grossa, até sentir dor. Não sabia que árvore era aquela, apenas que não era nem pinheiro nem eucalipto, mas isso que importava? Apertou o rosto com força, até doer de verdade. Estava a dois passos da realização da sua missão na vida. Fora ele que guiara D. Sebastião, pouco antes de Alcácer Quibir, até aos túmulos de seus avós, ajudara os oficiais às ordens do jovem monarca a erguer as tampas e acompanhara aquelas mãos do rei quando elas envolveram os guantes de ferro recheados de ossos do Bravo, ainda enclavinhados na espada com que quisera ser sepultado. Duas vezes abrira aquelas mãos e sempre caíam os pequenos ossos, até que D. Sebastião e ele próprio, Baltazar Negrões, ante o terror dos que os acompanhavam, meteram as mãos no peito do esqueleto, salvando a espada que entre ambos depois haviam lavado com óleos durante dois dias e com ela o moço rei partira para o Norte de África. Aquilo acontecera num sonho ou era obra do seu próprio gênio?

Ele ali estava com a sua memória e coragem bebidas naquele instante sem exemplo. Acaso não desenterrara as armas de seu avô, destinadas a apetrechar as tropas de Paiva Couceiro, e não se perdera aquela tentativa restauracionista porque àquelas armas e aos Negrões estava reservada uma façanha bem mais gloriosa, que iria não só privar a Espanha de uma terra roubada como a República Portuguesa receberia o insulto de ser aumentada pela ação de um monárquico?

A sua linha de opção não era a dos descendentes de D. Miguel, que abominava, mas a de um rei que, um dia, surgiria na Terra Portuguesa, emergindo de um banco de nevoeiro. Chamar-se-ia Sebastião ou Prior do Grato, esperaria que não fosse um Bragança e estaria a seu lado para...

"Meu comandante, meu comandante", o ajudante Braz aguardava ordens.

O miliciano Afonso Ortigão, que era alfaiate e antiquário em Viseu, ajustava no cinto duas belas pistolas do século XVIII, passando a verificar uma das espingardas desenterradas. As pistolas de duelo havia-as trazido com ele, mas só as desembrulhara nessa manhã, guardava-as numa caixa forrada a veludo. Mas dados os dois tiros, um de cada uma, que aconteceria?

Os seus homens, aquela coluna a que, naturalmente, dera seu nome, estaria à altura das circunstâncias? O Oliveira Matos, que fizera uma excelente comunicação sobre o Primeiro de Dezembro no Porto, rira-se-lhe na cara; o Prof. Luís Serrano, autor de um belo livro sobre os falsos

D. Sebastião, limitara-se a dar-lhe umas palmadinhas no ombro e perguntar-lhe se não tinha mais nada com que brincar; o Álvares, o Filipinho Álvares, que dizia que o Prior do Grato estivera escondido num grande baú no seu solar de Riba-Tâmega, até esse lhe voltara as costas. As lágrimas corriam pelas faces de Baltazar Negrões, mas não se atreveu a limpá-las, a afastar o rosto do tronco. Era uma oliveira, aquela árvore era uma oliveira. Aqueles ramos retorcidos, como se o ameaçassem com um abraço tremendo.

"Os homens estão prontos, meu comandante."
O antiquário de Viseu estava impecável numa farda de oficial de dragões, que empestava a naftalina. Aquele homem estava disposto a morrer pela sua ideia, assim fardado de palhaço?
Bebeu as lágrimas que lhe chegavam aos lábios, levou a mão ao chapéu de campanha, baixando-o sobre os olhos, enquanto escutava uma breve troca de palavras atrás de si. Dizia o antiquário:
"Também em Aljubarrota, o Condestável se afastou para rezar, tal como o fizera D. Afonso na batalha de Ourique..."
"O Sr. Dr. Negrões lá estará a pensar no que há-de fazer...", observou o ajudante Braz.
"Ou então está a ver se há-de limpar o intestino antes da sarrafuscada!", soltou o carregador de Campanhã.

Baltazar Negrões voltou-se para a coluna e viu que todos os olhares estavam cravados nele. Desembainhou a espada, empunhando-a com a destra, depois retirou o comprido revólver do coldre, pôs-se em sentido, no que foi silenciosamente imitado por toda a coluna. E ia começar um discurso patriótico, mas o Louro adiantou-se:

"É melhor irmos cada qual por seu lado, abrigados no mato, e cairmos na aldeia a tiro e à porrada. Era assim lá na Guiné e dava muito resultado. Se o meu comandante dá licença, eu vou à sua frente e começamos por limpar aqueles lá do chapéu preto..."

E começaram todos a descer a encosta, abrigados no arvoredo e nos pequenos muros de pedra, iniciando o tiroteio logo que viram as primeiras pessoas a olhá-los. Dispararam contra quem encontravam e descarregavam espadeiradas. Mas nem todas as espingardas estavam em condições de tiro, pois não foi possível descarregá-las e recarregá-las. Os guardas civis, embora apanhados de surpresa, responderam com as suas armas automáticas e o primeiro em que acertaram foi no ajudante Braz. Uma data de rosetas de sangue no peito. Sobre ele se debruçou o antiquário de Viseu com as suas pistolas já despejadas, mas sem as largar, e ali mesmo também tombou crivado de balas.

Os guardas civis eram três nas ruas de Los Moros, mas logo se lhes juntou o que estava de plantão, armado de uma metralhadora ligeira. Este dava rajadas curtas, era um homem ainda novo e ágil, parecendo habituado a combater. Foi o que acabou com a Coluna Negrões. Subia aos telhados, abrigava-se nas pias dos porcos, na fonte, numa reentrância da igreja, até disparou ao pé do sino da torre. Aparecia em toda a parte. Como um deus que apenas queria matar.

29

A freira caminhava ao longo do túnel. À sua direita estavam sete figuras sentadas, a quem cumprimentou com um profundo inclinar de cabeça, mas elas não lhe responderam, pois havia muito que se encontravam mortas e mumificadas. Só no salão que ficava por debaixo do convento, no salão das pedras que irradiavam luz própria, apenas aí havia vida. Era o mouro Ibn, preso à parede por uma grilheta. Ele passava o tempo a cantar uma salmodia interminável, mesmo quando cozinhava e lavava a baixela na pequena corrente de água que brotava de um buraco na parede perpendicular àquela em que ele se via amarrado e desaparecia por um outro buraco do chão, a pouca distância.

A freira trazia-lhe os alimentos que ele preparava. Havia muito que perdera a noção do tempo, mal se lembrando como estava a arrombar a fechadura de uma cela do mosteiro e alguém lhe metera um saco pela cabeça vibrando-lhe uma forte pancada. Quando despertou estava ali, já com a grilheta posta na perna direita, desarmado e sem o turbante. Não entendia as palavras do homem nem das mulheres, mas apercebeu-se que doravante não passaria de um escravo ou, então, que aquilo era a própria morte. Mas perguntava-se se, uma vez morto, a própria dor e a incomodidade da grilheta se sentiriam, afinal, daquela maneira tão viva.

Miguel andara cem passos ao longo do túnel, até que esbarrara num gradeamento, do outro lado do qual ouviu vozes de mulheres. Escondeu a espingarda e gritara que ali estava provocando um silêncio profundo. Por fim, à entrada do outro aposento surgiu a figura mal iluminada por um archote de uma freira. Reconheceu-a como uma das do coro, teria uns sessenta anos, mas conservava boa parte da sua antiga beleza. Contou-lhe o que acontecera, exibiu a arma. A freira também o reconheceu como aldeão de Los Moros e convidou-o a entrar nos subterrâneos do mosteiro, mostrando-lhe o salão das pedras que irradiavam luz própria. Luz e um estranho estímulo à sobrevivência, pois graças àquelas pedras a freira pode percorrer não só os corredores das profundezas como os corredores sem fim e labirínticos do tempo, assistindo, quase com indiferença, à morte dos que lhe estavam próximos, sem os poder ajudar, à parte dispô-los depois ao longo da fileira, à esquerda de quem entrava no salão, vindo de parte nenhuma.

Quantas guerras? Duas guerras em San Felices de Los Moros e ela sempre ali guardada da fome, do frio e da morte, solitária, sentindo um impulso medonho de se encostar na parede e misturar-se com a terra e as pedras, donde emergiam raízes, por entre as múmias das suas antigas companheiras.

A freira tirou dos restos do seu hábito uma pequena caixa de lata e prendeu-a no teto, usou a fivela de um dos cintos do mouro. Começava a ter ternura por aquele que, sendo seu prisioneiro, se mantivera vivo para a servir, como uma penitência ao seu outro deus que ele trouxera do Norte de África e ali procurava recordar com aquelas cantilenas que a princípio a irritavam e onde depois via um sinal de extrema fidelidade. Nunca lhe havia dirigido uma palavra ao longo daqueles anos, mas, por outro lado, muitas vezes ralhava a Miguel pelas incursões que este fazia à sua antiga casa, onde entrava de noite e matava os seus moradores, roubando-lhes mantimentos e roupas. As vezes, a freira surpreendia Ibn nas suas orações, voltado para Meca, com a mesma devoção com que ela entrara no Panteão dos Teólogos, em Salamanca.

Extremamente cansada, a freira arrastou-se ao longo do corredor até ao salão das pedras que irradiavam luz própria. Ibn parecia dormir, mas ela sabia que o mouro nunca se deixaria adormecer naquela posição tão incomoda. Afinal, ele morrera, pelo que reconheceu, por estranhos desígnios, que a sua hora também acabara de chegar.

Apercebendo-se do ocorrido, Miguel não chegou a entrar no salão, volveu os seus passos pelo túnel, mas doíam-lhe demasiado as pernas e os braços, pelo que se deixou adormecer antes de abandonar de novo os subterrâneos.

Quando a freira chegou junto das múmias das outras freiras, devagarinho deitou-se ao longo dos seus colos, acomodando-se. Nunca lhes cerrara os olhos e sabia que agora poderia contar com aqueles olhos mortos fixos em si, dando-lhe uma espécie de calor final. Baixou as próprias pálpebras e sentiu outras forças enquanto regressava às noites de Salamanca, nas traseiras das Úrsulas, e se postava diante da Casa das Mortes, onde as quatro caveiras a chamavam num coro dirigido pelo próprio arcebispo D. Alfonso da Fonseca.

Ela perdeu-se do mundo quando escutou dentro da sua cabeça uma pergunta, uma questão para que não encontrava saída, uma pergunta tão idiota como, por exemplo, querer saber se aquelas eram efetivamente as cabeças dos matadores dos filhos de Maria Ia Brava ou por que ruelas deveria encaminhar os passos até à casa que fora de Santa Teresa de Ávila. Também se lhe recortava mais nítida a figura do Reitor do que a do frade da biblioteca da Universidade.

30

Miguel acabava de matar com uma punhalada no coração um daqueles andaluzes que Franco trouxera para repovoar San Felices de los Moros. Vivia sozinho na casa e embebedava-se continuamente. O homem estava fardado de falangista e adormecera na cozinha, sentado num cadeirão de vime almofadado. Bebera uma garrafa de aguardente e deixara a telefonia ligada.

Miguel saíra do túnel, subira o poço e dera com ele assim, a roncar. Usou uma baioneta que estava pousada na mesa. Não era o primeiro a quem dava fim em sua própria casa, aonde só podia voltar assim, furtivo e vingador. Então escutara no rádio que no dia anterior Franco publicara uma disposição oficial, que começava com umas palavras muito bonitas, que decorou para depois as reproduzir ao primeiro interlocutor que tivesse: *A convivência pacífica dos espanhóis durante os últimos trinta anos consolidaram a legitimidade do nosso Movimento, que soube dar à nossa geração seis lustros de paz, de desenvolvimento e de liber-*

dade jurídica... Comentava o locutor que não era nem a primeira nem a segunda vez que Sua Excelência o Generalíssimo tomava uma atitude magnânima como aquela. Miguel não resistiu em voltar a meter a baioneta no corpo do falangista. Como se fora Franco. Aprendera a odiá-lo enquanto sobrevivia naquele estar escondido como uma toupeira. Queriam os do Governo, percebeu, que os que se encontravam como ele saíssem à luz do dia.

"Para nos foderem", lembrou-se do cadáver do pai aparecendo à tona da água do poço, e a coronha da espingarda quebrada, e de novo mergulhou a baioneta agora no peito do cadáver. Depois limpou a lâmina ao casaco do falangista e escondeu-a no cinto das suas calças.

Sempre aguardara aquele momento de regressar a Los Moros. A freira, mostrando-lhe as múmias, perguntava-lhe se queria também ficar assim, sentado no túnel, mudo para sempre, e ele respondera-lhe que não. E a freira acrescentava que se ela não fosse tão velha, mais velha que a idade, e se pudesse andar, encarar a luz do sol, talvez se resolvesse a acompanhá-lo. Porém, ao encontrá-la ali deitada, praticamente no colo das múmias, abandonou-a sem uma palavra, e também ao mouro, percebendo que não poderia regressar.

Já uma vez tentara sair pelo alçapão, mas as sucessivas derrocadas impediram-no. Assim, naquela noite vestiu-se a preceito e atacou o novo morador da sua casa, que na aldeia era tomada por assombrada devido às mortes inexplicáveis que ali aconteciam. Dois dias depois, ao reentrar na sua antiga casa através do poço, notou que já haviam levado o corpo. De resto, estava tudo na mesma, mesmo a garrafa da aguardente permanecia caída junto do cadeirão almofadado. Da caçadora que estava pendurada num prego tirou uma mão-cheia de pesetas. Depois espreitou para a rua e, como não visse ninguém, seguiu na direção da saída da aldeia. Mas Los Moros tinha crescido e estava muito diferente. Pelo que se ia perdendo e assustou-se com o ladrar dos cães.

    Miguel estranhou a quase extinta luz de um quarto minguante, estranhou que houvesse mais umas casas construídas ali na sua rua, por onde se saía da aldeia. Então, decidido a enfrentar o que fosse, deu meia volta e encaminhou-se para a igreja, em frente da qual estava a taberna que pertencera a D. Sinfrónio, o alcaide. Entrou, logo ficou a saber que o taberneiro, um D. Julián, era também o alcaide. Naturalmente, não conheceu ninguém, ninguém o reconheceu e contou que era de Barba de Puerco, mas estava de passagem. Comeu, bebeu, conversou e ficou a saber que eram todos andaluzes. Falaram-lhe de uma casa assombrada, onde as pessoas apareciam mortas, tal como acontecera dois dias atrás. Começara por ali aparecer um esqueleto no poço, um esqueleto e uma espingarda. Mostrou-se desinteressado. Pernoitou num quarto das traseiras da taberna e, no dia seguinte, saiu da aldeia, sem querer ver mais nada, não fora encontrar-se com a Guarda Civil, não o começassem a interrogar. Acreditar na palavra de Franco? Tudo quanto sabia do que acontecera a Espanha aprendera-o através do rádio e das conversas daqueles que vigiara antes de matar, os que haviam ocupado a sua casa. E os anos em que vivera de olhos fechados em Los Moros, merda de terra onde as notícias não chegavam. Assim, preferiu dirigir-se a Vale de Ia Mula.

De manhã, no quarto de banho *da fonda* de D. Julián, aproveitou os apetrechos do taberneiro para se barbear mais a preceito. O espelho devolvia-lhe uma imagem de um velho de rosto esbranquiçado. Demasiado velho para a aventura da fuga para Portugal que tinha dentro da cabeça. Com as freiras mortas, também não lhe restava alternativa. E saiu cedo para a fronteira, mas fazendo um rodeio para que não suspeitassem das suas intenções.

A referência para a travessia da raia era Castelo Rodrigo, ao longe. Nos bolsos levava a pistola e no cinto a baioneta do falangista e algum dinheiro, pelo que ainda o assaltou a tentação de ir a Madrid, onde se poderia perder melhor.

"Mãos ao alto!"

As palavras secas entraram-lhe na cabeça como pedras.

"Volta-te!"

Voltou-se. Eram dois guardas civis, tricórnios e espingardas apontadas. Ambos tinham bigode de pontas viradas para cima, eram iguais, escuros, inimigos. Se tivesse ali a sua caçadeira, zagalotes para os dois, mas as balas deveriam estar podres de tanto tempo de espera pela vingança. A pistola estava perdida no mais profundo de si. E tinha medo. Vingança aquilo? Confiou nas pernas e tentou uma corrida, naqueles matagais deveria ser fácil, desde que se escapasse do caminho. Mas as pernas já não lhe obedeciam como ao caçador que era em Setembro de 1936. Tropeçou nos próprios passos.

A fronteira a duzentos metros e ele ali, a tropeçar nos próprios passos. "Foda-se, nos próprios passos". E enrodilhado pelas balas que lhe disparavam os guardas civis. Era como se elas lhe dessem nova vida, pelo que iniciou uma carreira já com outras pernas, as suas pernas de Setembro de 1936, a seu lado ia o pai, com a respiração ruidosa, fora as manhas, que lhe saía. dos pulmões arrasados.

Mas quem estava a dez passos adiante já não eram os guardas civis mas outros guardas fardados de maneira diferente, com espingardas apontadas para ele. O chão parecia ter o tracejado de uma linha de fronteira, ali era Portugal e os impactos das balas dos guardas civis eram impactos dos guardas fiscais. Os guardas fiscais dispararam, quase à queima-roupa, acabava ele de erguer os braços. Balas no peito, balas nas costas, na garganta, soltou-se-lhe todo o sangue, Miguel caiu.

À tona do poço assomava o pé do pai calçado naquela bota de atanado, e a coronha, o resto estava mergulhado na água negra do poço, corria Setembro de 1936. Quebraram-lhe os ossos dos braços e das pernas a pontapé praguejando em espanhol e em português, com tal fúria que um dos tricórnios caiu junto do seu rosto e ele cheirou-lhe o suor da cabeça do guarda. A ele, valeram-lhe as freiras que se ergueram, arrumaram-no a um canto do túnel e deram-lhe as mãos, ampararam-no e disseram-lhe que desculpasse, que não o poderiam levar para outro lugar, deixando-o então ali, às portas do purgatório subterrâneo.

31

Que estranhas forças levaram Baltazar Negrões até às ameias da torre sineira de San Felices de los Moros? Quando julgava poder contar com um punhado dos que no íntimo já chamava seus bravos, viu-se sozinho lá no alto. Os guardas civis disparavam contra ele, como se fosse uma perdiz ou um coelho. O plantão do quartel da benemérita era um demônio com aquela metralhadora nas mãos.

Alguns aldeões foram a casa buscar as suas armas de caça carregadas de zagalotes e as alfaias que pudessem servir de armas, como se um lobo ou um javardo se tivesse metido na torre. Baltazar via os seus homens estendidos na praça e nas ruas das imediações, reconheceu alguns. De repente, reparou como um deles se erguia, cambaleando, era o Louro, e como logo um dos da aldeia lhe disparava os dois canos da caçadeira na cara.

Na escalada à torre, Baltazar perdera a espada e apenas tinha duas balas no revólver de cano comprido. Deveria tentar matar algum dos que o acossavam e reservar a derradeira bala para si próprio? Notou então como um dos guardas civis lhe voltava as costas, entretido a conversar com um grupo de mulheres. Apontou cuidadosamente, mas o cão do revólver bateu num cartucho apodrecido.

Restar-lhe-ia a bala que reservara para si. O guarda civil continuava a conversar. Baltazar achava que aquilo teria de acabar rapidamente, tornava-se-lhe insuportável. Estava a ver o rosto do Prof. Martins Serra a censurá-lo pela demora na entrega da sua tese de doutoramento, por perder tempo com uns pormenores que nem sequer chegavam a ser *petite histoire*, hem? Persignou-se, meteu a ponta do comprido cano do revólver na boca, procurou esquecer-se de tudo concentrando-se em apertar o gatilho naquela posição incómoda. Se o encostasse à têmpora poderia escorregar à última hora, mas assim não falharia. Puxou o gatilho com força e ouviu um disparo descomunal, como se a cabeça lhe tivesse voado. Na verdade era uma dor atroz que lhe apanhava as pernas e as costas, duas caçadeiras haviam sido descarregadas sobre ele e todo o chumbo dos cartuchos lhe entrou, espalhado, no corpo. O cão do revólver voltara a bater em cartucho apodrecido. A segunda descarga foi de zagalote, sentiu que os buracos nas costas se lhe avivavam, o corpo foi então lançado para diante, ultrapassou as ameias e caiu ao pé de uma gente armada de paus e forquilhas, que desabou sobre ele numa fúria desmedida. E havia muito que Baltazar Negrões tinha morrido e eles continuavam a bater-lhe.

Porto, Setembro de 1998;
Tossa de Mar, Agosto-Setembro de 1999.
Revisto em Fevereiro de 2008.

Impresso por :

gráfica e editora
Tel.:11 2769-9056